Übungsgrammatik

Deutsch
als Fremdsprache

Grammatik – kein Problem

Friederike Jin
Ute Voß

D1456030

Liebe Deutschlernende,

Sie möchten die Grundstrukturen der deutschen Grammatik kennenlernen, Ihre grammatischen
Kenntnisse systematisch erweitern und verbessern oder einzelne Strukturen nachschlagen?
Dann haben Sie richtig gewählt: Die Übungsgrammatik
Grammatik – kein Problem
ist das Ergebnis unserer jahrelangen praktischen Erfahrung im Unterricht Deutsch als Fremdsprache.
Die Grammatik erklärt die wichtigsten grammatischen Themen bis zur Niveaustufe A2 des Gemeinsamen
europäischen Referenzrahmens mit einfachen Worten und zeigt sie in Tabellen, Bildern oder Grafiken.
Sie bietet vielfältige Übungen, in denen die Themen, die erfahrungsgemäß mehr Schwierigkeiten bereiten,
besonders intensiv geübt werden können.

Grammatik – kein Problem enthält 47 Einheiten, die nach einem klaren Prinzip aufgebaut sind.
Auf der linken Seite finden Sie die Erklärung und auf der rechten Seite die Übungen.
Die Lösungen befinden sich im Anhang.

Alle Grammatikthemen können Sie auch unabhängig voneinander bearbeiten.

Auf den Partnerseiten können Sie anhand von Sprechübungen die gelernte Grammatik beim Sprechen
trainieren und selbst korrigieren. So üben Sie wichtige grammatische Strukturen auch für die mündliche
Kommunikation.

Die Vorteile der Übungsgrammatik auf einen Blick:
→ vollständige A1/A2-Grammatik
→ auch ungewöhnliche Themen, die selten in Grammatiken zu finden sind
→ einfache und anschauliche Erklärungen mit vielen Zeichnungen
→ abwechslungsreiche Übungen von „leicht" bis „schwieriger"
→ einfacher Wortschatz aus verschiedenen thematischen Bereichen
→ hilfreiche Merksätze zu vielen Regeln
→ sieben Partnerseiten für kooperative Sprechübungen
→ gut geeignet für das Selbststudium oder als kursbegleitendes Material für den Unterricht

Unter www.cornelsen.de/daf finden Sie die Aufgabenstellungen u. a. in Englisch, Polnisch, Russisch,
Spanisch und Türkisch übersetzt.

Die Autorinnen, die Redaktion und der Verlag wünschen Ihnen
viel Spaß und viel Erfolg!

 Diese Übung entspricht dem Niveau A2 (Wortschatz und/oder Grammatik).

 Das ist eine Ausnahme.

 Hier finden Sie einen Merksatz.

Häufig gestellte Fragen:	Hier finden Sie die Antwort:
Warum *er schläft*, aber *ich schlafe*?	Kapitel 4
Warum *ich muss* **einkaufen** aber *ich* **kaufe ein**?	Kapitel 7
Was bedeutet *dürfen* und *sollen*?	Kapitel 6
Wo ist bei *Komm!* das Subjekt?	Kapitel 8
Warum *Ich* **bin** *eingeschlafen*, aber *Ich* **habe** *geschlafen*?	Kapitel 25
Was ist Präteritum, was ist Imperfekt?	Kapitel 23, 27
Wann benutzt man Präteritum, wann benutzt man Perfekt?	Kapitel 28
Was ist der Unterschied: *Sie wäscht sich* und *Sie wäscht es*?	Kapitel 29
Warum gibt es vier verschiedene *sie/Sie*?	Kapitel 1
Woher weiß ich, ob *der, die* oder *das*?	Kapitel 47
Wie viele verschiedene Pluralendungen gibt es?	Kapitel 13
Warum *Ich bin* **nicht** *hungrig*, aber *Ich habe* **keinen** *Hunger*?	Kapitel 15
Wie funktioniert das mit Akkusativ und Dativ?	Kapitel 16, 17, 20, 21, 22
Warum *Ich helfe* **dir**?	Kapitel 22
Warum haben die Adjektive so verschiedene Endungen?	Kapitel 36, 37
Er ist so alt **wie** *sie, ich bin älter* **als** *er*. Warum mal *wie* mal *als*?	Kapitel 38
Warum *Ich bin* **oben**, aber *Ich gehe* **nach oben**?	Kapitel 42
Welche Präpositionen stehen mit Akkusativ und welche mit Dativ?	Kapitel 31, 32, 33, 34
Was ist das mit *wohin* + Akkusativ und *wo* + Dativ?	Kapitel 33, 34
Warum heißt es *Ich gehe zum Arzt*, aber nicht: ~~Ich gehe zu Hause~~?	Kapitel 35
Warum heißt es **an** *den Strand*?	Kapitel 35
Was ist der Unterschied zwischen *seit* und *vor*?	Kapitel 30
Wo steht was im Satz? Wo steht das Verb?	Kapitel 11, 12, 39, 40, 41
Was sind diese kleinen Wörter *denn, mal, doch* usw.?	Kapitel 43
Wie kann ich lange deutsche Wörter verstehen?	Kapitel 44

Inhalt

Präpositionen

Adjektive

Sätze und Satzverbindungen

Wortbildung

Anhang

Pronomen für Personen

	Singular	Plural
1. Person	ich	wir
2. Person	du	ihr
	Sie	Sie
3. Person	er	
	sie	sie
	es	

Pronomen für Sachen

das Messer ➜ es   *die Gabel* ➜ sie   *der Löffel* ➜ er   *die Tassen* ➜ sie

1 **Ergänzen Sie die Pronomen.**

 1 _____ sprechen Deutsch.

  2 Haben _____ Zeit?

 3 Hilfst _____ mir?

 **4** _____ ist Informatiker.

2 **Ergänzen Sie die Pronomen.**

1 Das ist Herr Gupta, _____ kommt aus Indien.

Das ist Frau Kioka, _____ kommt aus Japan.

Herr Gupta und Frau Kioka sind in Berlin. _____ lernen Deutsch.

2 ● Hallo, Anna, woher kommst _____?   ■ _____ komme aus New York.

3 ● Marc und Dominic, wo wohnt _____?   ■ _____ wohnen in Frankfurt.

4 ● Guten Tag, wie heißen _____?   ■ Guten Tag, _____ heiße Berger, Roland Berger.

3 **Ergänzen Sie die Pronomen.**

1 Frau Meier geht einkaufen. _____ kauft Gemüse und Obst.

2 Peter und Paul gehen heute nicht zur Schule. _____ haben Ferien.

3 ○ Frau Meier, wo arbeiten _____? ■ _____ arbeite in einer Bank.

4 ○ Marie, kommst _____ bitte? ■ Nein, tut mir leid, _____ habe keine Zeit.

4 **In der Wohnung. Ergänzen Sie die Pronomen.**

1 Der Schrank ist teuer. _____ kommt aus Italien.

2 Das Regal ist praktisch. _____ kostet nur 49 Euro.

3 Die Lampe ist neu. _____ ist modern.

4 Das sind vier Stühle. _____ kosten nur 100 Euro.

5 Die Sessel sind sehr bequem und _____ sind günstig.

6 Der Tisch da ist schön, aber _____ ist klein.

5 **In der Stadt. Ergänzen Sie die Pronomen.**

Elena: Hallo, Mario, wo ist Marie?

Mario: _____ kommt später. Und wann kommt Peter?

Elena: _____ kommt heute nicht. _____ hat keine Lust.

Mario: Schade, dann gehen _____ alleine ins Café und

trinken einen Kaffee.

Kellner: Guten Tag, was möchten _____?

Elena und Mario: _____ nehmen einen Kaffee.

Kellner: Möchten Sie auch Kuchen? _____ ist sehr lecker.

Elena: Nein, danke, _____ möchte keinen Kuchen. Möchtest _____, Mario?

Mario: Nein, _____ nehme auch nur einen Kaffee.

der = er   die = sie   das = es
ich und du = wir
du und du = ihr
Sie und Sie = Sie
er und sie und es = sie

6 **Formell oder informell?** *Sie* oder *du*? *Sie* oder *ihr*? **Ergänzen Sie.**

1 ○ Anna, was machst _____? ■ Ich surfe ein bisschen im Internet.

2 ○ Frau Schmidt, was machen _____? ■ Ich schreibe gerade eine E-Mail.

3 ○ Daniel und Anna, was macht _____? ■ Wir surfen im Internet.

4 ○ Herr Meyer und Frau Schmidt, was machen _____? ■ Wir lesen gerade eine E-Mail.

7 **Was bedeutet** *sie* **und** *Sie*? **Schreiben Sie die Person oder Sache.**

Herr Lindner: Kommen **Sie** bitte herein. Das ist meine Frau, Karina.	*Frau Peneva*
Und das sind unsere Kinder. Das ist Anne, **sie** ist	_____
zwei Monate alt und das ist Lukas, er ist drei.	
Frau Peneva: Oh, **sie** sind süß.	_____
Herr Lindner: Und Karina, das ist Olga Peneva, **sie** ist eine	_____
Kollegin von mir. **Sie** kommt aus Bulgarien.	_____
Frau Lindner: Guten Tag Frau Peneva, oh danke, ich mag	
Blumen sehr gerne. **Sie** sind wunderschön.	_____
Setzen **Sie** sich doch bitte,	_____
möchten **Sie** etwas trinken?	_____

	kommen		⚠	arbeiten	heißen
ich	komme	e		arbeite	heiße
du	kommst	st		arbeitest	heißt
er, sie, es	kommt	t		arbeitet	heißt
wir	kommen	en		arbeiten	heißen
ihr	kommt	t		arbeitet	heißt
sie, Sie	kommen	en		arbeiten	heißen

auch: *antworten,*   auch: *tanzen ...*
reden ...

1 Kleine Dialoge. Ergänzen Sie die Endungen.

Marc: Woher komm___ du?

Alice: Ich komm___ aus Brasilien. Das ist mein Freund, er komm___ aus Russland.

Marc: Und wo wohn___ ihr?

Alice und Yuri: Wir wohn___ ganz in der Nähe. Wo arbeit___ du?

Marc: Ich arbeit___ bei der Post.

Frau Schröder: Guten Tag, wie heiß___ Sie?

Herr Sato: Ich heiß___ Sato.

Frau Schröder: Woher komm___ Sie?

Herr Sato: Ich komm___ aus Japan und meine Frau komm___ aus den USA. Wir wohn___ jetzt in Berlin.

2 Was passt zusammen? Kombinieren Sie.

1	E, F

1 Ich   **A** arbeitest in Frankfurt.
2 Du   **B** kommen aus Italien.
3 Er   **C** heißt Schmidt.
4 Wir   **D** wohnt im Studentenwohnheim.
5 Sie   **E** arbeite in Deutschland.
6 Ihr   **F** komme aus China.
           G wohnen in Berlin.

3a Ergänzen Sie die Endungen.

| ~~e~~ • e • e • est • e • en • t • t • t • t • t • t • t |

1 Wie heiß___ du?

2 Komm___ ihr mit ins Kino?

3 Frau Tan komm___ heute.
Geh___ Sie zum Flughafen?

4 Warum antwort___ du nicht?

5 Tanz___ du gerne?

A Ja, aber mein Freund tanz___ leider nicht.

B Ich heiß _e_ Alexander.

C Ich versteh___ dich nicht.

D Nein, leider nicht. Ich arbeit___ heute bis acht und Jana
besuch___ ihre Eltern. Vielleicht morgen?

E Ja, sie komm___ um 19 Uhr an, dann bring___ ich sie zum Hotel.

3b Was passt zusammen? Kombinieren Sie in 3a.

4 Im Deutschkurs. Ergänzen Sie die Endungen.

Maria komm___ aus Spanien. Pedro und Angelo komm___ aus Südamerika. Maria, Pedro und Angelo lern___

zusammen Deutsch. Pedro schreib___ gerne. Maria hör___ gerne CDs und Angelo lern___ gerne Grammatik.

Sie mach___ zusammen Hausaufgaben und dann geh___ sie in die Disko. Maria tanz___ und Angelo und Pedro

diskutier___ und trink___ eine Cola. Sie tanz___ leider nicht gerne. Schade!

5 Eine E-Mail. Ergänzen Sie die Endungen.

Liebe Clara,

danke für deine Einladung zum Wochenende nach Hamburg. Ich komm___ gerne. Ich möchte deinen Freund

André kennenlernen. Woher kenn___ du ihn? Woher komm___ er? Arbeit___ er schon oder studier___ er noch?

Kann Stefan auch nach Hamburg mitkommen? Stefan ist auch in meinem Kurs und lern___ Deutsch. Ich

kenn___ ihn jetzt seit vier Wochen und wir mach___ fast alles zusammen.

Wir tanz___ gerne und geh___ gerne aus. Ihr tanz___ doch bestimmt auch gerne, ich kenn___ dich doch.

Ich freu___ mich schon. Wir haben bestimmt viel Spaß zusammen.

Liebe Grüße auch an André!

Deine Katharina

6 Mein Arbeitstag. Ergänzen Sie die Endungen.

Ich komm___ meistens gegen acht Uhr ins Büro und schalt___ erst einmal den Computer ein. Die erste Stunde

ist noch ganz ruhig. Ich öffn___ meine Mailbox und beantwort___ meine Mails. Frau Richter, meine Kollegin,

komm___ eine halbe Stunde später. Sie bring___ erst ihre Kinder in den Kindergarten. Wir diskutier___

dann die wichtigsten Dinge für den Tag, telefonier___ mit Kunden und schreib___ E-Mails. Mittags geh___ wir

zusammen mit ein paar Kollegen aus einer anderen Abteilung essen. Meistens trink___ wir auch noch einen

Kaffee zusammen. Das mach___ immer Spaß, weil die Kollegen lustige Geschichten von ihrer Arbeit erzähl___.

Manchmal frag___ ich sie: Arbeit___ ihr eigentlich auch?

Italien?

Kein Geld ...

Sie ist verheiratet.
Sie hat fünf Kinder.

	sein	**haben**
ich	bin	habe
du	bist	hast
er, sie, es	ist	hat
wir	sind	haben
ihr	seid	habt
sie, Sie	sind	haben

Sie mag Italien.
Sie möchte Urlaub machen.
Aber sie weiß, sie hat kein Geld.
Was tut sie jetzt?

	„möchten"	mögen	wissen	tun
ich	möchte	mag	weiß	tue
du	möchtest	magst	weißt	tust
er, sie, es	möchte	mag	weiß	tut
wir	möchten	mögen	wissen	tun
ihr	möchtet	mögt	wisst	tut
sie, Sie	möchten	mögen	wissen	tun

1 *sein* – **Ergänzen Sie.**

Herr Schneider: Guten Tag, wie _____ Ihr Name?

Frau Misterek: Mein Name _____ Misterek.

Herr Schneider: _____ Sie neu hier?

Frau Misterek: Nein, ich _____ schon ein Jahr in Hamburg.

Herr Schneider: _____ Sie Studentin?

Frau Misterek: Nein, ich _____ Praktikantin.

2 **Schreiben Sie Sätze.**

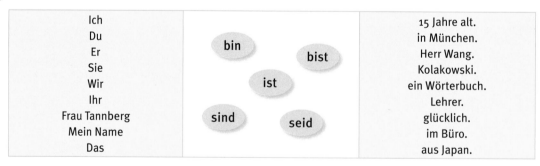

Ich	bin	15 Jahre alt.
Du	bist	in München.
Er	ist	Herr Wang.
Sie	sind	Kolakowski.
Wir	seid	ein Wörterbuch.
Ihr		Lehrer.
Frau Tannberg		glücklich.
Mein Name		im Büro.
Das		aus Japan.

3 *haben* – **Ergänzen Sie.**

1 ○ _____ du Geld? ■ Nein, aber ich _____ Zeit.

  ○ Du _____ Glück, ich _____ kein Geld und keine Zeit.

2 ○ _____ ihr schon eine Wohnung hier in Mainz?

  ■ Nein, wir _____ noch keine Wohnung, wir wohnen im Hotel.

3 Herr Kim _____ viel Arbeit, er _____ auch am Wochenende keine Freizeit.

4 *sein* oder *haben* – Ergänzen Sie.

1 Das _____ Angela und Pascal. Sie _____ Schüler. Sie _____ einen Hund.

Er heißt Snoopy und er _____ fünf Monate alt.

2 ● Was _____ Sie von Beruf? ▪ Ich _____ Lehrer.

3 ● _____ Sie verheiratet? ▪ Ja, ich _____ verheiratet und ich _____ vier Kinder.

4 ● _____ Sie ein Auto? ▪ Ja, natürlich _____ wir ein Auto.

5 ● _____ du ein Handy? ▪ Ja, meine Nummer _____ 0171 / 1234987.

5 *sein* oder *haben* – Ergänzen Sie.

Das _____ Mikunda. Sie _____ meine Katze. Sie _____ 3 Jahre alt und _____ grüne

Augen. Jetzt _____ sie Mutter. Sie _____ drei Katzenbabys. Sie _____ alle süß und

_____ grüne Augen wie die Mutter. Mikunda _____ sehr glücklich und ich _____ auch glücklich.

6 „*möchten*" – Ergänzen Sie.

1 *Kellner:* Guten Tag, was _____ Sie?

Frau Taylor: Wir _____ etwas trinken.

Ich _____ einen Kaffee.

Kellner: Und was _____ du?

Ben Taylor: Ich _____ eine Cola.

2 Frau Taylor und ihr Sohn Ben

_____ etwas trinken.

Frau Taylor _____ einen Kaffee

und Ben _____ eine Cola.

7 *mögen* – Schreiben Sie Sätze.

Ich Meine Freundin Mein Freund Meine Eltern Wir	mögen mag	(keinen) Kaffee. (keine) Kartoffeln. (keinen) Käse. (keinen) Fisch.

8 *wissen* – Ergänzen Sie.

1 ● _____ Sie, wo der Bahnhof ist?

▪ Tut mir leid, das _____ ich nicht. Fragen Sie doch den Polizisten, der _____ es bestimmt.

2 Niemand _____, ob Herr Sorodin heute kommt.

3 ● _____ du, warum Anne heute so spät kommt? ▪ Keine Ahnung.

4 Die Kinder _____ heute viel mehr als wir früher.

9 *tun* – Ergänzen Sie die Endungen.

1 *Arzt:* Was tu___ denn weh?

Patient: Meine Ohren tu___ weh. Was kann ich tu___?

Arzt: Nehmen Sie Tabletten und bleiben Sie zu Hause.

Arbeiten Sie nicht, machen Sie keine Hausarbeit, tu___ Sie möglichst wenig.

2 ● Was tu___ du? ▪ Frag nicht, was ich tu___. Ich will einfach mal nichts tu___.

4 Ich esse wenig, aber du isst viel!
Verben mit Vokalwechsel

	e – i	a – ä
ich	esse	schlafe
du	isst	schläfst
er, sie, es	isst	schläft
wir	essen	schlafen
ihr	esst	schlaft
sie, Sie	essen	schlafen

Bei Verben mit Vokalwechsel wechselt bei *du* und *er, sie, es* der Vokal.

Nicht bei allen Verben mit *e* oder *a* wechselt der Vokal:
ich gehe – du gehst, ich lache – du lachst ...

Er isst und isst und isst.

Wichtige Verben mit Vokalwechsel

e – i

empfehlen – er empfiehlt • essen – er isst • geben – er gibt • fernsehen – er sieht fern • helfen – er hilft • lesen – er liest • mitnehmen – er nimmt mit • nehmen – er nimmt • sehen – er sieht • sprechen – er spricht • vergessen – er vergisst • werden – er wird

a – ä

abfahren – er fährt ab • anfangen – er fängt an • einladen – er lädt ein • einschlafen – er schläft ein • fahren – er fährt • gefallen – es gefällt • laufen – er läuft • schlafen – er schläft • tragen – er trägt • waschen – er wäscht

---

1 Wie heißt der Infinitiv? Schreiben Sie.

1 du gibst   *geben*   5 er wäscht _____   9 er empfiehlt _____

2 er läuft _____   6 du siehst _____   10 wir lesen _____

3 sie hilft _____   7 er spricht _____   11 ich frage _____

4 du nimmst _____   8 sie vergisst _____   12 du fährst _____

2 Ergänzen Sie die Verben.

1 essen   *Elke:*   _____ ihr abends immer zusammen?

        Claudia: Ja, wir _____ zusammen, aber heute nicht. Dimitri _____

                  mit Kunden und die Kinder _____ bei Freunden. Und du? _____

                  du abends mit Roland zusammen?

        Elke: Ich _____ abends nichts und Roland _____ nur eine Kleinigkeit.

2 lesen   *Elke:*   Was _____ ihr gerne?

        Iliana: Ich _____ gern Romane und Petro _____ gar nicht.

        Petro: Das stimmt nicht. Ich _____ auch!

        Iliana: Was _____ du denn? Nur Zeitschriften oder Kataloge.

3 nehmen   *Kellnerin:* Bitte, was _____ Sie?

           Claudia: Ich _____ ein Schnitzel. Iliana und Petro, was _____ ihr?

           Iliana: Wir _____ auch ein Schnitzel.

           Petro: Nein, du _____ ein Schnitzel, aber ich _____ einen Hamburger!

4 schlafen   *Reporter:* Entschuldigung, ich habe eine Frage. Wie lange _____ Sie in der Nacht meistens?

           Claudia: Wir _____ meistens ungefähr acht Stunden.

           Dimitri: Ja, du _____ immer acht Stunden. Ich _____ maximal sechs Stunden.

5 fahren   *Reporter:* Wie kommen Sie zur Arbeit? _____ Sie mit der U-Bahn?

           Claudia: Nein, ich _____ meistens mit dem Auto.

           Reporter: Und ihr, Kinder, wie _____ ihr?

           Petro: Ich _____ immer mit dem Fahrrad. Aber Iliana _____ immer mit dem Bus.

3 **Claudias Tag. Ergänzen Sie die Verben.**

Claudia steht immer um 6 Uhr auf. Um 7 Uhr _____ (*essen*) sie mit ihrer Familie Frühstück und

_____ (*lesen*) die Zeitung. Ihr Mann Dimitri und sie _____ (*fahren*) mit dem Auto in die Stadt.

Da kaufen sie zusammen ein und Dimitri _____ (*tragen*) die Sachen ins Auto.

Claudia _____ (*laufen*) noch ein bisschen durch die Stadt und Dimitri _____ (*fahren*) zur Arbeit.

Um 11 Uhr _____ (*nehmen*) Claudia den Bus zurück nach Hause. Zu Hause _____ (*waschen*) sie

Wäsche und _____ (*helfen*) ihrer Mutter.

Am Nachmittag _____ (*geben*) Claudia Deutschunterricht. Sie _____ (*sprechen*) nur Deutsch mit

den Schülern. Die Schüler _____ (*lesen*) Texte und _____ (*sehen*) manchmal einen Film. Claudia

_____ (*sehen*) auch gerne Filme.

4 **Vokalwechsel oder nicht? Ergänzen Sie die Verben.**

1	leben	er _____	4	lesen	er _____	7	laufen	er _____
2	kaufen	er _____	5	gehen	er _____	8	geben	er _____
3	machen	er _____	6	waschen	er _____	9	verstehen	er _____

5 **Eine Einladung. Ergänzen Sie die Verben.**

> gefallen · mitnehmen · ~~einladen~~ · ankommen · laufen · ansehen · zurückfahren · schlafen

Liebe Elke,

ich *lade* dich zu meinem Geburtstag *ein*. Die Party ist am 9.3. abends bei uns in Amalias.

Ich habe eine Idee: Du _____ erst am Sonntag _____ und _____

eine Nacht bei uns. Du _____ am besten bequeme Schuhe _____, dann können

wir am Sonntag zusammen durch die Stadt _____ und alles _____.

Das _____ dir doch, oder?

Wann _____ du in Pirgos _____? Wann bist du dann bei uns? Komm nicht so spät!

Viele Grüße
Claudia

	müssen	können	dürfen	wollen	sollen	„möchten"
ich	muss	kann	darf	will	soll	möchte
du	musst	kannst	darfst	willst	sollst	möchtest
er, sie, es, man	muss	kann	darf	will	soll	möchte
wir	müssen	können	dürfen	wollen	sollen	möchten
ihr	müsst	könnt	dürft	wollt	sollt	möchtet
sie, Sie	müssen	können	dürfen	wollen	sollen	möchten

Im Singular wechselt bei *müssen, können, dürfen* und *wollen* der Vokal.
Die 1. und 3. Person Singular haben keine Endung.

	Position 2		Ende
Ich	muss	am Montag um 6 Uhr	aufstehen.
Am Sonntag	können	wir zusammen	frühstücken.
Meine Kinder	dürfen	nicht oft	fernsehen.
Meine Tochter	will	oft am Computer	spielen.
Mein Sohn	soll	Hausaufgaben	machen.
Er	möchte	aber ins Kino	(gehen).

Die Modalverben stehen auf Position 2, das andere Verb im Infinitiv am Ende.
Wenn es im Kontext klar ist, ist der Infinitiv nicht obligatorisch.

---

1 Ergänzen Sie die Verben.

1 „möchten"

Mutter: Was _____ du essen, Annika?

Annika: Ich _____ Spaghetti.

Mutter: Und was _____ deine Schwester?

Annika: Juliane _____ Pizza.

Mutter: Ich _____ nicht zwei Essen kochen.

Also, was _____ ihr, Annika und Juliane?

Annika und Juliane: Wir _____ Schokoladenpudding!

Mutter: Oh weh, die Kinder _____ Schokoladenpudding!

2 können

Juliane: Ich _____ viel besser schwimmen als du!

Annika: Du _____ vielleicht besser schwimmen, aber ich _____ besser Ski laufen!

Mutter: Hoffentlich _____ ihr beide gut Englisch, Mathematik und Deutsch!

Juliane und Annika: Wir _____ sehr gut Englisch und Deutsch und den Quatsch. Und Juliane

_____ viel besser Computer spielen als du!

Mutter: Und die Kinder _____ schneller laufen, besser Gitarre spielen, besser lernen, länger schlafen.

3 müssen

Mutter: Es gibt viel Hausarbeit. Alle _____ helfen. Frank, du _____ einkaufen.

Und ihr, Kinder, ihr _____ putzen.

Annika und Juliane: Wir _____ putzen! Und Papa _____ nur einkaufen! Das ist nicht fair!

Mutter: Nicht fair! Nicht fair! Ich _____ kochen und waschen und bügeln. Das ist nicht fair!

4 wollen

Eltern: Wo _____ ihr dieses Jahr Urlaub machen?

Annika und Juliane: Wir _____ zu Oma fahren!

Eltern: Juliane, _____ du nicht im Urlaub schwimmen?

Juliane: Doch, ich _____ schwimmen. Aber Annika _____ zu Oma fahren.

Vater: Die Kinder _____ zu Oma fahren. Das ist gut. Das kostet nicht viel.

5 dürfen

Mutter: Annika, du _____ jetzt nicht Computer spielen!

Annika: Warum _____ ich nicht?

Mutter: Du musst Hausaufgaben machen.

Annika: _____ Juliane Computer spielen?

Mutter: Nein, ihr _____ nicht Computer spielen und ihr _____ auch nicht fernsehen.

Juliane: Wir _____ nicht fernsehen? Dann _____ Mama und Papa auch nicht fernsehen!

6 sollen

Mutter: Der Arzt sagt, ich _____ nicht arbeiten.

Vater: Du _____ nicht arbeiten? Wer _____ die Hausarbeit machen?

Mutter: _____ wir deine Mutter fragen?

2 **Welches Verb passt? Kreuzen Sie an.**

	möchte	kann	wollen	dürft	müsst	können	muss	
ich	X	X					X	Urlaub machen
er, sie, es, man								
wir								
ihr								
sie, Sie								

3 **Am Sonntag. Schreiben Sie Sätze.**
1 Am Sonntag • wir • lange • können • schlafen • .
2 eine Freundin • Meine Tochter • besuchen • will • .
3 sehen • Mein Mann • möchte • Fußball • .
4 ich • muss • kochen • leider auch • Am Sonntag • .
5 Am Nachmittag • wir • spazieren gehen • zusammen • möchten • .

2 **4** **Auf dem Ausländeramt. Schreiben Sie Sätze.**
Herr Guzman: möchten: ich • meine Aufenthaltserlaubnis • verlängern • .
Portier: müssen: Sie • in den dritten Stock • in Zimmer 325 • gehen • .
Herr Guzman: können: ich • meinen Hund • mitnehmen • ?
Portier: dürfen: Hunde • nicht ins Haus • gehen • .
Herr Guzman: sollen: wo • der Hund • bleiben • ?

Modalverb	Erklärung	Beispiel
müssen	keine Alternative	Ich muss arbeiten.
		Ich muss auf die Toilette (gehen).
können	1 Ich habe das gelernt.	Ich kann Englisch (sprechen).
	2 Es gibt die Chance / die Möglichkeit.	Hier kann man essen und trinken. 🍴
	3 Dürfen: Es ist nicht verboten.	Hier kann man parken. 🅿
nicht dürfen	Es ist verboten.	Hier dürfen Sie nicht rauchen. 🚭
dürfen	Es ist erlaubt.	Heute dürfen meine Kinder fernsehen.
„möchten"	Es ist mein Wunsch (höflich).	Ich möchte einen Kaffee (trinken), bitte.
wollen	Es ist mein Wunsch (direkt). (Nicht höflich, wenn wir etwas von einer Person möchten.)	Ich will gerne Ski-Urlaub machen.
sollen	1 Möchtest du, dass ich …? (nur in Fragen)	Soll ich dir einen Kaffee machen?
	2 Eine andere Person hat zu mir gesagt: „Sie müssen …" und ich erzähle das.	Der Arzt sagt, ich soll die Tabletten nehmen und ich soll nicht arbeiten.

1 *müssen, „möchten" oder können?* **Ergänzen Sie die Verben.**

Susi ist 7 Jahre alt. Sie _____ jetzt gerne in Urlaub fahren, aber sie _____ in die Schule

gehen. Sie _____ erst im Juli wegfahren. Ihr Bruder Markus ist vier Jahre alt. Er _____ noch

nicht in die Schule gehen, aber er _____ gerne in die Schule gehen wie Susi. Er _____ noch

nicht schreiben und lesen. Susis Mutter ist ledig. Sie _____ arbeiten. Sie _____ sechs

Wochen pro Jahr Urlaub machen und dann _____ sie mit Susi und Markus ans Meer fahren. Heute

ist sie krank. Sie _____ nicht arbeiten, sie _____ zum Arzt gehen.

2 *müssen* **oder** *dürfen?* **Ergänzen Sie die Verben und ordnen Sie die Bilder zu.**

1	H

1 Hier _____ nur Damen hineingehen.

2 Hier _____ man nach rechts fahren.

3 Das _____ man nicht trinken.

4 Hier _____ Kinder spielen und laut sein.

5 Hier _____ man rauchen.

6 Hier _____ man keine Krawatte tragen.

7 Hier _____ man langsam fahren.

8 Hier _____ man stoppen.

3 *können* – 1 (Ich habe das gelernt.), 2 (Es gibt die Chance / die Möglichkeit.) oder 3 (Es ist nicht verboten.)? Markieren Sie.

1 Ich kann gut Ski fahren (① 2 3), aber es gibt hier keinen Schnee. Man kann nicht Ski fahren. (1 2 3)

2 Können Sie Englisch? (1 2 3) Dann können Sie den Job in England machen! (1 2 3)

3 Können Sie nicht lesen? (1 2 3) Hier ist Parken verboten. Aber da kann man parken! (1 2 3)

4 Ich kann das Auto nicht kaufen (1 2 3), ich kann das nicht bezahlen (1 2 3) und ich kann auch nicht Auto fahren! (1 2 3)

4 *wollen* oder *„möchten"*? *„Möchten"* ist immer möglich, wann kann man *wollen* sagen? Ergänzen Sie.

1 Herr Ober, ich _____ gern ein Bier!

2 Lisa _____ heute nicht in die Schule gehen.

3 ● Was _____ Sie? ■ Wir _____ ein Kilo Tomaten, bitte.

4 Peter ist 14 Jahre alt und _____ schon in die Disko gehen. Aber seine Eltern _____ das nicht.

5 Sie können um 8 Uhr oder um 9 Uhr kommen, wie Sie _____.

6 Entschuldigung, ich _____ das Fenster öffnen. Ist das okay für Sie?

5 Susi ist krank. *müssen* oder *sollen*? Ergänzen Sie.

Susi ist krank. Sie _____ zum Arzt gehen. Der Arzt sagt: „Du _____ im Bett bleiben und du _____ viel schlafen und viel trinken." Susi sagt zu ihrer Mutter: „Der Arzt sagt, ich _____ im Bett bleiben und schlafen. Ich _____ nicht in die Schule gehen." Die Mutter fragt: „_____ du Tabletten nehmen?" Susi antwortet: „Nein, aber ich _____ viel trinken."

6 Machen Sie Vorschläge mit *sollen*.

1 Ich möchte den neuen Film sehen.
2 Wir brauchen Getränke.   4 Es ist kalt hier.
3 Ich habe Kopfschmerzen.   5 Ich möchte nach Paris fahren.

1 Sollen wir zusammen ins Kino gehen?

7 Ergänzen Sie *müssen, können, dürfen, „möchten"* oder *wollen*. Es gibt mehrere Möglichkeiten.

In der Bibliothek: Sie _____ Bücher leihen. Sie _____ nicht essen, Sie _____ Ihre Bibliothekskarte zeigen und Sie _____ nicht laut sprechen.

Im Museum: Sie _____ Bilder sehen. Sie _____ bezahlen, Sie _____ manchmal nicht fotografieren, aber Sie _____ laut sprechen.

Sie sind krank: Sie _____ im Bett bleiben, Sie _____ nicht rauchen, Sie _____ viel trinken.

Sie sind zu dick: Sie _____ nicht viel essen, Sie _____ Sport machen, Sie _____ viel Wasser trinken und Salat essen.

Kinder mit 10 Jahren: Sie _____ nicht rauchen und keinen Alkohol trinken. Sie _____ in die Schule gehen. Sie _____ oft keine Hausaufgaben machen.

Im Auto: Sie _____ vielleicht Ihre Brille tragen, Sie _____ nicht schlafen und auch nicht telefonieren, aber Sie _____ essen und sprechen.

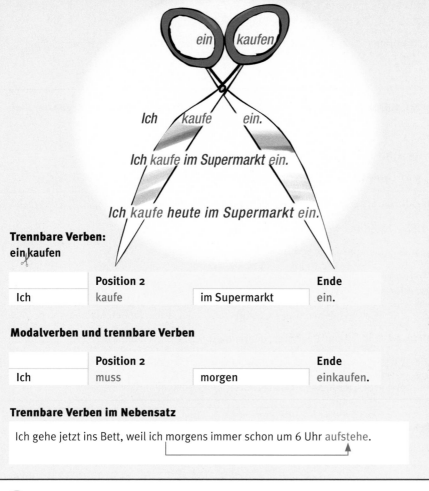

Trennbare Verben:

ein kaufen

	Position 2		Ende
Ich	kaufe	im Supermarkt	ein.

Modalverben und trennbare Verben

	Position 2		Ende
Ich	muss	morgen	einkaufen.

Trennbare Verben im Nebensatz

Ich gehe jetzt ins Bett, weil ich morgens immer schon um 6 Uhr aufstehe.

trennbare Präfixe

ab-	*um-*
an-	*vor-*
auf-	*weg-*
aus-	*weiter-*
ein-	*zu-*
fern-	*zurecht-*
her-	*zurück-*
mit-	*zusammen-*
statt-	
teil-	

Der Wortakzent ist immer auf dem Präfix: *ein kaufen*

---

1 **Lesen Sie die Verben laut. Der Akzent ist auf dem Präfix.**

<u>auf</u>stehen, <u>ein</u>laden, <u>ein</u>kaufen, <u>ab</u>fahren, <u>an</u>kommen, <u>um</u>steigen, <u>auf</u>hören, <u>zu</u>machen, <u>mit</u>kommen

2 **Der Arbeitstag fängt an. Ergänzen Sie die Verben.**

1 ein steigen: Ich _____ an der Station „Westend" in die U6 ____.

2 um steigen: An der Station „Hauptwache" _____ ich ____ und nehme die U1.

3 aus steigen: Am Südbahnhof _____ ich ____.

4 an kommen: Pünktlich um 8 Uhr _____ ich im Büro ____.

5 auf machen: Es ist sehr warm. Ich _____ das Fenster ____.

6 rein kommen: Mein Kollege _____ ____ und sagt:

7 zu machen: „Es ist kalt hier. _____ Sie doch das Fenster ____.

8 zu machen: Ich _____ das Fenster wieder ____ und

  an fangen: _____ mit der Arbeit ____.

3 **Mein Tag. Schreiben Sie Sätze.**

1 auf|stehen müssen: ich • immer • um 6 Uhr • .

2 an|fangen: ich • mit der Arbeit • um 7.30 Uhr • .

1 Ich muss immer um 6 Uhr aufstehen.

3 ein|kaufen: am Montag • ich • nach der Arbeit • .

4 zurück|kommen: am Abend • um 19 Uhr • nach Hause • ich • .

5 aus|gehen möchten: heute • ich • .

6 mit|kommen möchten: du • ?

Ich stehe um 7 Uhr auf.
Ich muss vor der Arbeit einkaufen,
weil ich erst um 20 Uhr zurückkomme.

4 **Hausarbeit. Ergänzen Sie die Verben.**

> aufstehen • vorbereiten • abwaschen • anmachen • einkaufen • zurückkommen • mitbringen • aufräumen • anrufen • fernsehen • aufhängen • ausleeren

Jeden Morgen muss ich früh *aufstehen* _____ . Jeden Tag _____ ich das Frühstück _____ , danach

_____ ich das Geschirr _____ und _____ die Waschmaschine _____ . Dann muss ich _____

und kochen. Um 13.00 Uhr _____ die Kinder aus der Schule _____ . Manchmal _____ sie Freunde

zum Essen _____ . Sie spielen dann und ich _____ die Küche _____ , putze, bügle, _____ beim Arzt

oder in der Schule _____ . Später _____ die Kinder _____ . Ich _____ die Wäsche _____ und

_____ die Mülleimer _____ . Was ist mein Beruf? Ich bin Hausmann!

5 **Unser nächster Urlaub. Ergänzen Sie die Verben.**

> anfangen • einladen • mitnehmen • mitkommen • abfahren • zurückfahren • abholen • ankommen • umsteigen

Meine Freundin wohnt an der Nordsee und sie *lädt* mich *ein* _____ . Meine Kinder _____ natürlich

_____ . Die Ferien _____ am Montag _____ , aber wir _____ schon am Freitagnachmittag _____ .

In Hannover müssen wir _____ . Um 20.18 Uhr _____ wir dann in Sankt Peter Ording _____ . Meine

Freundin _____ uns am Bahnhof _____ .

Im Norden ist es immer ein bisschen kälter, also müssen wir warme Kleidung _____ . Nach zwei

Wochen müssen wir nach Hause _____ . Schade!

6 **Im Büro. Schreiben Sie Sätze.**

1 Um 8 Uhr schalte ich den Computer an.

1 an|schalten: den Computer • ich • Um 8 Uhr • .

2 an|kommen: eine Lieferung • Um 10 Uhr • .

3 Um 9 Uhr rufe ich Kunden an und muss ...

3 an|rufen + schreiben müssen: Um 9 Uhr • ich • Kunden • und • E-Mails • .

4 arbeiten + an|fangen: Ich • schnell • , • weil • das Meeting • um 11 Uhr • .

5 an|fangen können: Nach dem Meeting • wir • mit der Pause • .

6 zurück|kommen müssen: Spätestens um 13 Uhr • ich • aus der Pause • .

7 aus|schalten + auf|räumen: Um 17 Uhr • ich • den Computer • und • den Schreibtisch • .

8 zurück|gehen + aus|gehen möchten: Ich • schnell • nach Hause • , • weil • ich • heute • .

9 gehen + mit|kommen: alleine • ich • ins Kino • oder • Sie • ?

8 *Helfen Sie mir!*
Imperativ

Konjugation Präsens			Imperativ
du kommst	~~du~~ komm~~st~~	→	Komm!
ihr kommt	~~ihr~~ kommt	→	Kommt!
Sie kommen	~~Sie~~ kommen Sie	→	Kommen Sie!

Der Imperativ mit *du* und *ihr* hat kein Subjekt.

Imperativ

	Infinitiv	Imperativ		
		formell	informell Singular	informell Plural
normale Verben	kommen	kommen Sie	komm	kommt
unregelmäßige Verben e→i	nehmen	nehmen Sie	nimm	nehmt
unregelmäßige Verben a→ä	fahren	fahren Sie	⚠ fahr	fahrt
trennbare Verben	mitbringen	bringen Sie ... mit	bring ... mit	bringt ... mit
sein	sein	seien Sie	sei	seid
haben	haben	haben Sie	hab	habt

Einen Imperativ kann man mit *bitte* höflicher machen:
Bitte helfen Sie mir!
Helfen Sie mir bitte!

Im Imperativ sagen wir oft *mal* und *doch*:
Hilf mir doch!
Hilf mir mal!
Hilf mir doch mal!

1 **Schreiben Sie Imperativformen mit *Sie*, *du* und *ihr*.**
 1 gehen hören singen
 2 mitkommen weggehen mitbringen abholen
 3 geben nehmen essen lesen sprechen
 4 sein haben fahren waschen

> 1 Gehen Sie! Geh! Geht!
> Hören Sie! Hör! Hört!
> Singen Sie! Sing! Singt!

2 Welche Personen passen? Kreuzen Sie an.

	Herr Müller	Herr und Frau Müller	Mona und Lucas	Mona
Kommt bitte schnell.				
Nehmen Sie bitte Platz.				
Esst doch noch etwas.				
Gib mir mal den Teller.				
Hab doch keine Angst.				
Lassen Sie sich Zeit.				
Guck doch mal.				

3 Im Kurs. Wer sagt was? Schreiben Sie Sätze im Imperativ.

wiederholen • langsam sprechen • ~~zu zweit sprechen~~ • einen Text lesen • in der Gruppe diskutieren • den Dialog spielen • das Wort erklären • ein Beispiel geben • an die Tafel schreiben

Kursleiter:
Bitte sprechen Sie zu zweit.
_____
_____

Teilnehmer:
_____
_____
_____

4 Ratschläge geben. Schreiben Sie Sätze im Imperativ.

eine Aspirin nehmen • einen Tee trinken • eine Brille kaufen • Yoga machen • weniger essen • mehr essen • weniger arbeiten • am Abend spazieren gehen • ~~nach Hause gehen~~

1 Ich fühle mich schlecht.
2 Ich habe Kopfschmerzen.
3 Ich bin gestresst.
4 Ich kann nicht schlafen.
5 Ich bin nervös.

6 Mein Bauch tut weh.
7 Ich habe immer Hunger.
8 Ich sehe schlecht.
9 Ich möchte abnehmen.

1 Dann geh doch nach Hause.
Dann gehen Sie doch nach Hause.

5a So kann man gut Wörter lernen. Schreiben Sie Sätze im Imperativ.

1 Karteikarten kaufen
2 die neuen Wörter auf Karteikarten schreiben
3 auf die Rückseite einen Beispielsatz mit Lücke schreiben
4 die Karten mischen
5 einen Beispielsatz laut lesen
6 das Wort für die Lücke ergänzen
7 richtig? dann die Karte in den Kasten 2 legen
8 falsch? dann die Karte wieder in Kasten 1 legen

1 Kaufen Sie Karteikarten.
_____

5b Erklären Sie einem Freund/einer Freundin, wie er/sie gut Wörter lernen kann.

1 Kauf Karteikarten.
_____
_____

Partnerseite 1: Konjugation
Partner A

Arbeiten Sie mit einem Partner.
Partner A sieht Seite 22, Partner B sieht Seite 23.
rot: **Sie sprechen und fragen.**
grau: **Sie kontrollieren und antworten.**

Beispiel

    viel Cola trinken   *Sie fragen:*   Ich trinke viel Cola. Und du? Trinkst du auch viel Cola?

- -

1   viel Cola trinken

2   Ich gehe gerne spazieren. Und du? Gehst du auch gerne spazieren?

3   schwimmen können

4   Ich schlafe immer acht Stunden. Und du? Schläfst du auch immer acht Stunden?

5   gerne fernsehen

6   Ich empfehle diesen Film. Und du? Empfiehlst du auch diesen Film?

7   oft Freunde einladen

8   Ich spreche Koreanisch. Und du? Sprichst du auch Koreanisch?

9   um sechs Uhr aufstehen

10 Ich rufe jeden Tag meine Mutter an. Und du? Rufst du auch jeden Tag deine Mutter an?

11 viel Freizeit haben

12 Ich bin heute müde. Und du? Bist du auch heute müde?

13 gerne Pause machen wollen

14 Ich weiß alles. Und du? Weißt du auch alles?

15 Pizza mögen

16 Ich mache sonntags immer viel. Und du? Machst du sonntags auch immer viel?

17 am Bahnhof aussteigen

18 Ich bin verheiratet. Und du? Bist du auch verheiratet?

Partnerseite 1: Konjugation
Partner B

Arbeiten Sie mit einem Partner.
Partner A sieht Seite 22, Partner B sieht Seite 23.
rot: **Sie sprechen und fragen.**
grau: **Sie kontrollieren und antworten.**

Beispiel

Ich trinke viel Cola. Und du? Trinkst du auch viel Cola?
Sie kontrollieren Ihren Partner und antworten:

Ja, ich trinke auch viel Cola.

- -

1 Ich trinke viel Cola. Und du? Trinkst du auch viel Cola?

2 gerne spazieren gehen

3 Ich kann schwimmen. Und du? Kannst du auch schwimmen?

4 immer acht Stunden schlafen

5 Ich sehe gerne fern. Und du? Siehst du auch gerne fern?

6 diesen Film empfehlen

7 Ich lade oft Freunde ein. Und du? Lädst du auch oft Freunde ein?

8 Koreanisch sprechen

9 Ich stehe um sechs Uhr auf. Und du? Stehst du auch um sechs Uhr auf?

10 jeden Tag meine Mutter anrufen

11 Ich habe viel Freizeit. Und du? Hast du auch viel Freizeit?

12 heute müde sein

13 Ich will gerne Pause machen. Und du? Willst du auch gerne Pause machen?

14 alles wissen

15 Ich mag Pizza. Und du? Magst du auch Pizza?

16 sonntags immer viel machen

17 Ich steige am Bahnhof aus. Und du? Steigst du auch am Bahnhof aus?

18 verheiratet sein

Wer?

Was?

Woher?

Wen?

Warum?

Wo?

Wohin?

Wie?

Mit wem?

Position 1 – Fragewort	Position 2 – Verb	Position 3 – Subjekt	
Wie	heißen	Sie?	
Wer	ist	das?	
Wo	ist	er?	
Woher	kommt	er?	
Wohin	will	er	gehen?
Wann	kommt	er?	
Um wie viel Uhr	geht	er?	
Wie viele Taschen	hat	er?	
Was	hat	er	gemacht?
Was	will	er	haben?
Mit wem	spricht	er?	
Wen	sucht	er?	
Warum	trägt	er	einen Hut?

Das Fragewort steht immer auf Position 1 und beginnt immer mit *w*.

---

1 **Was passt zusammen? Kombinieren Sie.**

A	7

A Woher kommen Sie?
B Wie heißt du?
C Wo wohnen Sie?
D Wer ist das?
E Wie ist Ihr Name?
F Was sind Sie von Beruf?
G Was ist das?

1 Müller, Edith Müller.
2 Das ist mein Handy.
3 Maria.
4 Das ist mein Mann.
5 Friseur.
6 In Berlin.
7 Aus Hangzhou, das ist in China.

2 **Schreiben Sie Fragen.**
1 wie • Sie • heißen • ?
2 Ihr • Vorname • ist • wie • ?
3 woher • Sie • kommen • ?
4 Sie • wo • wohnen • ?
5 von Beruf • was • Sie • sind • ?

3 Ergänzen Sie die Fragewörter.

1 ● _____ ist das? ■ Das ist Obst.

2 ● _____ kostet das? ■ Ein Kilo 3,50 Euro.

3 ● _____ Kinder haben Sie? ■ Fünf.

4 ● _____ kommt heute? ■ Dennis.

5 ● _____ Uhr kommt er? ■ Um halb acht.

6 ● _____ beginnt der Film? ■ Um acht.

4 Ergänzen Sie die Fragewörter.

Rudi Schmidt: Guten Tag, mein Name ist Schmidt, Rudi Schmidt. Und _____ heißen Sie?

Gisela Baumann: Gisela Baumann. Ich komme aus Passau und _____ kommen Sie?

Rudi Schmidt: Ich komme aus Ulm, aber jetzt wohne ich in München. Und Sie? _____ wohnen Sie?

Gisela Baumann: Auch in München.

Rudi Schmidt: Und _____ ist das?

Gisela Baumann: Das ist Daniel, mein Sohn.

Rudi Schmidt: _____ alt ist er?

Gisela Baumann: 5 Jahre.

5 *Wo – woher – wohin*. Ergänzen Sie.

1 ● _____ ist denn nur mein Handy?

■ Keine Ahnung, _____ warst du denn gerade?

● Im Wohnzimmer.

■ Okay, dann suchen wir erst einmal dort.

2 ● _____ kommst du?

■ Ich war gerade in der Stadt.

Aber ich muss noch einmal weggehen.

● _____ willst du noch gehen?

■ Ins Kino.

6 Was passt zusammen? Kombinieren Sie.

1 Wer kommt heute?   A Den Lehrer.
2 Mit wem gehst du ins Theater?   B Dem Lehrer.
3 Wen hast du gestern besucht?   C Der Lehrer.
4 Wem gehört die Tasche?   D Mit dem Lehrer.

7 Was passt zusammen? Kombinieren Sie.

1 Wem gehört die Brille?   A Meinen Bruder. Er ist gerade aus dem Bus gestiegen.
2 Wen hast du gesehen?   B Wahrscheinlich wieder in die Alpen.
3 Mit wem bist du nach Italien gefahren?   C Ich träume.
4 Warum bist du nicht gekommen?   D Ich hatte keine Zeit.
5 Was machst du gerade?   E Das ist ein Geschenk von meinen Eltern.
6 Wohin fahren Sie in Urlaub?   F Das ist meine, ich habe sie hier vergessen.
7 Von wem hast du die schöne Kette bekommen?   G Ich bin allein gefahren.

8 Ergänzen Sie die Fragewörter.

1 ● _____ ist der Herr dort? ■ Das ist ein Freund von mir.

2 ● _____ suchen Sie? Kann ich Ihnen helfen? ■ Den Lehrer von meinem Sohn. Er heißt Schütz.

3 ● _____ kommt sie heute später? ■ Weil die Züge Verspätung haben.

4 ● _____ fahrt ihr nach Berlin? ■ Mit unseren Freunden.

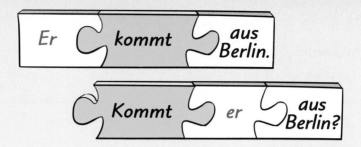

(Aussage)satz	Er	kommt	aus Berlin.
Ja/Nein-Frage		Kommt	er aus Berlin?

Antworten auf Ja/Nein-Fragen

+ *Kommt Sie heute?*   😊 *Ja, ich komme heute Nachmittag.*
  ☹ *Nein, ich kann heute nicht.*

– *Kommen Sie heute nicht?*   😊 *Doch, ich komme heute Nachmittag.*
  ☹ *Nein, ich kann heute nicht.*

Höfliche Bitten
Könnten Sie mir bitte helfen?
Würden Sie bitte das Fenster öffnen?

---

1 **Schreiben Sie Fragen und antworten Sie.**

1 Sie • Schmidt • heißen • ?   ● _____
  ■ _____

2 Sie • aus Südafrika • kommen • ?   ● _____
  ■ _____

3 Sie • Englisch • sprechen • ?   ● _____
  ■ _____

4 Sie • verheiratet • sind • ?   ● _____
  ■ _____

5 Sie • Kinder • haben • ?   ● _____
  ■ _____

2 **Schreiben Sie Fragen.**

1 ● _____   ■ Nein, ich spreche kein Französisch.

2 ● _____   ■ Nein, ich bin keine Deutsche, ich bin Türkin.

3 ● _____   ■ Ja, er ist Lehrer von Beruf.

4 ● _____   ■ Ja, wir wohnen schon lange hier im Haus.

5 ● _____   ■ Nein, sie haben keine Kinder.

3 Ja – nein – doch. Was passt? Kombinieren Sie.

1 Lernen Sie Deutsch?
2 Gehen Sie gerne ins Kino?
3 Spielen Sie ein Musikinstrument?
4 Wohnen Sie nicht in Köln?
5 Sind Sie Herr Maier?
6 Kommen Sie nicht zur Party?

A Doch, aber ein bisschen später.
B Nein, leider nicht.
C Nein, mein Name ist Westermann.
D Doch, schon seit drei Jahren.
E Ja, schon seit zwei Monaten.
F Es geht, ich gehe lieber ins Theater.

4 Welche Antwort passt? Kreuzen Sie an.

Herr Waltermann wohnt in Frankfurt. Er hat in der Schule Englisch und Spanisch gelernt. Er arbeitet in einem Büro als Computerfachmann. Er ist vor zwei Monaten nach Frankfurt gekommen und kennt hier noch keinen Menschen. Er kommt aus München und seine Verwandten und Freunde wohnen in der Nähe von München.

	ja	nein	doch
1 Kann Herr Waltermann kein Spanisch?			
2 Wohnt er in der Stadt?			
3 Hat er keine Verwandten in der Nähe?			
4 Hat er keine Arbeit?			
5 Kennt er in Frankfurt viele Leute?			
6 Kommt er aus München?			
7 Ist er schon lange in Frankfurt?			

5 Würden Sie …? Könnten Sie …? Schreiben Sie höfliche Fragen.

1 (den Zucker geben)   *Würden Sie mir bitte den Zucker geben?*
   Könnten Sie mir bitte den Zucker geben?

2 (mir den Weg zum Bahnhof sagen) _____

_____

3 (mir den Stift geben) _____

_____

4 (das Radio leiser machen) _____

_____

5 (mir das Wörterbuch geben) _____

_____

6 (mir die Rechnung erklären) _____

_____

6 Fragen mit und ohne Fragewort. Was passt zusammen? Kombinieren Sie.

1 Wie hoch ist Ihre Miete?
2 Liegt Ihre Wohnung zentral?
3 Wie lange wohnen Sie schon hier?
4 Suchen Sie eine neue Wohnung?
5 Wo suchen Sie eine Wohnung?
6 Gefällt Ihnen Ihre Wohnung nicht?

A Ja, sie ist direkt in der Innenstadt.
B Doch, aber wir brauchen mehr Platz.
C 650 Euro plus Nebenkosten.
D Am liebsten möchten wir auf dem Land wohnen.
E Schon drei Jahre.
F Ja, unsere Wohnung ist zu klein.

Sätze

	Position 2	
Am Abend	essen — wir	Pizza.
Wir — essen		am Abend Pizza.
Ilse und Heiko — essen		zusammen 25 Hamburger.

Das Verb steht auf Position 2. Das Subjekt steht rechts oder links vom Verb. Auf Position 1 können zwei oder mehrere Wörter stehen.

W-Fragen

	Position 2	
Wo	essen — wir	heute Pizza?
Wann	essen — Ilse und Heiko	25 Hamburger?

Das Verb steht auf Position 2. Auf Position 1 steht das W-Fragewort, auf Position 3 steht das Subjekt.

Ja/Nein-Fragen

	Essen — wir	heute Abend Pizza?
	Möchten — Sie	Schokolade essen?

Das Verb steht am Beginn, das Subjekt rechts vom Verb.

Imperativ

	Essen	Sie doch ein Stück Schokolade!
	Trink	eine Tasse Kaffee!

Das Verb steht am Beginn.

Zeit und Ort

Ich wohne seit zwei Monaten in Deutschland.
Seit zwei Monaten wohne ich in Deutschland.

Die Zeit (*Wann? Wie lange? Wie oft?*) steht meistens links im Satz (oft auf Position 1).
Der Ort (*Wo? Wohin? Woher?*) steht meistens rechts im Satz.

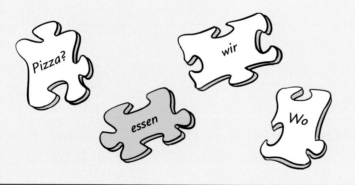

---

1 **Schreiben Sie Sätze.**

1 er • Peter Schmidt • heißt • .
2 Peter • jetzt • und • seine Frau • in Heidelberg • wohnen • .
3 Auerstraße 12 • seine Adresse • ist • .
4 Ingenieur • von Beruf • Peter • ist • .
5 seine Frau • arbeitet • im Krankenhaus • .

2 **Schreiben Sie W-Fragen.**
1 woher • Luis und Paloma • kommen • ?
2 von Beruf • was • sie • sind • ?
3 wohnen • wo • jetzt • sie • ?
4 sie • lernen • warum • Deutsch • ?

3 **Markieren Sie das Verb. Schreiben Sie Ja/Nein-Fragen.**

1 Das <u>ist</u> Paloma.   *Ist das Paloma?* _____

2 Sie kommt aus Peru.   _____

3 Paloma lernt Deutsch.   _____

4 Sie ist Mechanikerin.   _____

5 Ihr Mann heißt Luis.   _____

4 **W-Frage oder Ja/Nein-Frage? Ergänzen Sie das Fragewort oder das Verb.**

1 • _____ kommt Paloma?   ▪ Aus Peru.

2 • _____ Paloma aus Chile?   ▪ Nein, aus Peru.

3 • _____ ist sie von Beruf?   ▪ Mechanikerin.

4 • _____ sie Mechanikerin von Beruf?   ▪ Ja.

5 • _____ ihr Mann Carlos?   ▪ Nein.

6 • _____ heißt ihr Mann?   ▪ Luis.

5 **Schreiben Sie Fragen.**
1 müde • heute • Sie • sind • ?
2 Sie • wie lange • schlafen • immer • ?
3 trinken • was • am Morgen • Sie • ?
4 am Morgen • Sie • trinken • Kaffee • ?

6 **Schreiben Sie Sätze im Imperativ.**
1 Sie • kommen • !
2 die Geschichte • hören • Sie • !
3 jetzt • Sie • sagen • nichts • !
4 Sie • Ihren Freunden • die Geschichte • erzählen • !

7 **Zeit und Ort. Schreiben Sie Sätze.**
1 schon drei Jahre • ich • wohne • in Heidelberg • .
2 arbeite • seit zwei Jahren • in Frankfurt • ich • .
3 von Heidelberg nach Frankfurt • ich • fahre • jeden Montag • .
4 ich • bei meiner Cousine • von Montag bis Freitag • wohne • .
5 im Büro • ich • von 9 bis 18 Uhr • arbeite • .
6 in der Mittagspause • in der Kantine • ich • esse • .
7 gehe • ins Fitness-Studio • zwei Mal pro Woche • ich • .
8 nach Heidelberg • freitags um 17 Uhr • ich • fahre • .
9 bin • ich • zu Hause • von Freitagabend bis Montagmorgen • .

Verb: Position 2!

		konjugiertes Verb Position 2		Teil 2 Ende
Modalverben	Ich	will	heute	einkaufen.
trennbare Verben	Ich	kaufe	Obst und Gemüse	ein.
sein **+ Adjektiv***	Das Wetter	ist	heute den ganzen Tag	wunderbar.
Verb + Verb*	Wir	gehen	heute Nachmittag	schwimmen.
Nomen-Verb-Kombinationen*	Heute Abend	spiele	ich mit meiner Freundin	Tennis.
Perfekt	Ich	habe	schon Getränke	eingekauft.

Das konjugierte Verb steht auf Position 2, der andere Teil am Ende.

*sein + Adjektiv, Verb + Verb und die Nomen-Verb-Kombinationen funktionieren fast wie trennbare Verben: *wunderbar sein, müde sein, schwimmen gehen, einkaufen gehen, Tennis spielen, Deutsch lernen, Wein trinken* ...

---

1 Modalverben. Schreiben Sie Sätze.

1 Sie • eine Deutschlandreise • wollen • machen • .
2 Tickets kaufen • und • Hotels buchen • Sie • müssen • .
3 sollen • fahren • sie • Wann • ?
4 Sie • fahren • im Sommer • wollen
5 Sie • bleiben • können • nur zwei Wochen in Deutschland • .
6 Dann • schon wieder nach Hause • fahren • müssen • sie • .

2 Trennbare Verben. Schreiben Sie Sätze.

1 um ziehen: Wir • nach Hamburg • .

2 auf räumen: die ganze Wohnung • Jetzt • wir • .

3 weg werfen: Wir • viele Sachen • .

4 ein packen: Wer • das Geschirr und die Gläser • ?

5 aus ziehen: Nächste Woche am Montag • wir

6 ein ziehen: in die neue Wohnung • Am Dienstag • wir • .

3 *sein* + Adjektiv und Verb + Verb. Schreiben Sie Sätze.

1 Das Wetter • heute • wunderbar • ist • .
2 der Himmel • auch blau • war • Gestern • .
3 Hoffentlich • schön • morgen auch genauso • es • ist • .
4 Am Samstagmorgen • sie • in der Stadt • einkaufen • gehen • .
5 spazieren • sie • gehen • im Park • Nachmittags • .
6 Die Kinder • schwimmen • mit ihren Freunden • gehen • .

4 Nomen-Verb-Kombinationen. Schreiben Sie Sätze.

1 Pamela und Chris • schon gut • Deutsch • sprechen • .
2 Chris • Gitarre • am Abend gerne • spielt • .
3 oft stundenlang • Musik • Er • hört • .
4 Urlaub • Im Sommer • Chris • machen • möchte • .
5 Pamela • Spanisch • lernen • möchte • im Urlaub • .

5 Perfekt. Schreiben Sie Sätze.

1 Am letzten Wochenende • nach Berlin • Anna • ist • gefahren • .
2 Sie • ihre Freunde • besucht • hat • .
3 gegangen • sie • sind • ins Theater • Am Samstagabend • .
4 Am Sonntag • in einem Restaurant am Wannsee • sie • gegessen • haben • .
5 erst sehr spät nach Hause • Sie • gekommen • ist • .

6 Was passt zusammen? Kombinieren Sie und schreiben Sie Sätze.

	hat		aufräumen.
	muss		ein.
	lernt		gearbeitet.
Er	kauft	heute	essen.
	geht		Deutsch.
	ist		fern.
	sieht		gekommen.

7 Schreiben und variieren Sie Sätze.

1 gestern • ich • habe • geschenkt • eine CD • meinem Bruder • .
2 auf dem Marktplatz • hat • gestern Abend • eine Band • gespielt • .
3 im Park • wollen • Schüler • ein Konzert geben • heute • .
4 ich • bringe • zum Geburtstag • heute • einen Kuchen • mit • .

1 Ich	habe	meinem Bruder gestern eine CD	geschenkt.
Gestern	habe	ich meinem Bruder eine CD	geschenkt.
Meinem Bruder	habe	ich gestern eine CD	geschenkt.
Eine CD	habe	ich gestern meinem Bruder	geschenkt.

8 Schreiben Sie Sätze und lesen Sie die Sätze laut.

1 abholen: er • seine Kinder von der Schule • .
2 zur Party gehen wollen: sie • mit ihrer Freundin • heute Abend • .
3 mitbringen: sie (Pl.) • einen Kartoffelsalat • zur Party • .
4 gemacht haben: sie (Pl.) • den Kartoffelsalat • heute Mittag • .

1 Er holt seine Kinder von der Schule ab.

Im Deutschen ein Muss:
Das konjugierte Verb auf Position 2
und der Rest (Teil 2) am Schluss!

Partnerseite 2: Fragen
Partner A

Arbeiten Sie mit einem Partner.
Partner A sieht Seite 32, Partner B sieht Seite 33.
rot: **Sie sprechen.**
grau: **Sie kontrollieren und antworten.**

Woher kommen Sie?

Beispiel

 ... ?   Ich komme aus ...

Sie sehen die Antwort rechts und fragen: Woher kommen Sie?

- -

 1 ... ?   Ich komme aus ...

2 Wie alt sind Sie?   ...

 3 ... ?   Ich wohne in ...

4   Was sind Sie von Beruf?   ...

 5 ... ?   Doch, ich heiße ...

6 Wie ist Ihr Familienname?   ...

 7 ... ?   Meine Hobbys sind ...

8 Haben Sie Kinder?   ...

 9 ... ?   Ich bin (nicht) verheiratet.

Wollen wir „du" sagen?   Ja, gerne. Ich heiße ...

10 Sprichst du nicht Deutsch?   ...

 11 ... ?   Ja, ich lerne Deutsch.

12 Seit wann lernst du Deutsch?   ...

 13 ... ?   Ich gehe (nicht) gerne ins Kino.

14 Wie viel Uhr ist es?/ Wie spät ist es?   ...

 15 ... ?   Ich möchte gerne nach/in ... fahren.

16 Wann gehst du nach Hause?   ...

 17 ... ?   Ein Kaffee kostet ... Euro.

18 Kaufst du gerne ein?   ...

 19 ... ?   Der Lehrer ist in der Klasse.

20 Wie geht es dir?   ...

Partnerseite 2: Fragen
Partner B

Arbeiten Sie mit einem Partner.
Partner A sieht Seite 32, Partner B sieht Seite 33.
rot: Sie sprechen.
grau: Sie kontrollieren und antworten.

Beispiel

Woher kommen Sie?   ...

Sie sehen die korrekte Frage links, kontrollieren Ihren Partner und antworten: Ich komme aus ...

- -

1	Woher kommen Sie?	...
2	... ?	Ich bin ... Jahre alt.
3	Wo wohnen Sie?	...
4	... ?	Ich bin ... von Beruf.
5	Heißen Sie nicht ... ?	...
6	... ?	Mein Familienname ist ...
7	Was sind Ihre Hobbys?	...
8	... ?	Ich habe ... /keine Kinder.
9	Sind Sie verheiratet?	...

     Wollen wir „du" sagen?   Ja, gerne. Ich heiße ...

10	... ?	Doch, ich spreche ein bisschen Deutsch.
11	Lernst du Deutsch?	...
12	... ?	Ich lerne seit ... Wochen/Monaten Deutsch.
13	Gehst du gerne ins Kino?	...
14	... ?	Es ist jetzt ... Uhr.
15	Wohin möchtest du gerne fahren?	...
16	... ?	Ich gehe um ... Uhr nach Hause.
17	Was kostet ein Kaffee?	...
18	... ?	Ich kaufe (nicht) gerne ein.
19	Wo ist der Lehrer?	...
20	... ?	Danke, es geht mir ...

die Männer   die Frauen   die Babys

Endung	Beispiel	
-(e)n	die Übung – die Übungen die Tasche – die Taschen die Frau – die Frauen die Kundin – die Kundinnen	alle Nomen mit *-ung, -heit, -keit, -ie, -or, -ion* fast alle Nomen mit *-e* viele feminine Nomen Ende *-in* ▶ *-innen* (Es ist die häufigste Pluralendung.)
-er	das Kind – die Kinder das Buch – die Bücher der Mann – die Männer	fast alle kurzen neutralen Nomen einige maskuline Nomen, aber kein feminin
-e	*a, o, u, au* werden oft *ä, ö, ü, äu*	der Stuhl – die Stühle das Brot – die Brote die Hand – die Hände	viele kurze Nomen
–		der Vater – die Väter der Garten – die Gärten der Sessel – die Sessel das Brötchen – die Brötchen	viele Nomen mit *-er, -en, -el* alle Nomen mit *-chen, -lein*
-s	das Taxi – die Taxis das Radio – die Radios der PKW – die Pkws der Job – die Jobs	alle Nomen mit *-a, -i, -o, -y* alle Abkürzungen viele Fremdwörter
⚠ unregelmäßig	das Museum – die Museen das Datum – die Daten das Visum – die Visa das Praktikum – die Praktika die Praxis – die Praxen die Firma – die Firmen	

Kein Plural
Abstrakte Nomen: *das Glück, die Liebe, der Hunger, die Kommunikation, der Sport, die Musik, das Wetter ...*
Nomen für Material: *das Gold, das Wasser, die Milch ...*
Sammelnamen: *das Obst, die Polizei, die Kleidung, der Urlaub ...*
Infinitiv als Nomen: *das Essen, das Sprechen, das Spielen ...*

Kein Singular
Einige Ländernamen und geographische Namen: *die USA, die Alpen ...*
Sammelnamen: *die Eltern, die Leute, die Möbel*
und *die Ferien ...*

---

1 **Welche Nomen bekommen keine Endung im Plural? Markieren Sie.**

der Fernseher – das Buch – die Banane – das Mädchen – das Hobby – das Kind – der Schlüssel –
der Lehrer – die Tasche – der Mann – der Wagen – der Reifen – das Fläschchen – der Verkäufer – die Tomate

2 Pluralendung: *-(e)n*, *-s* oder *-e*? Ergänzen Sie.

1	das Sofa, –s	**9**	die Sache	**17**	die Sekretärin
2	das Haar	**10**	die Kiwi	**18**	der Junge
3	die Freiheit	**11**	die Sekunde	**19**	das Ticket
4	das Hobby	**12**	die Organisation	**20**	das Restaurant
5	die Zeitung	**13**	die Operation	**21**	die Lösung
6	die Information	**14**	der Name	**22**	die Krankheit
7	das Tier	**15**	die Toilette	**23**	der Herd
8	die Lehrerin	**16**	die Oma	**24**	das Kino

3 Wie heißt der Singular? Schreiben Sie.

1 die Bilder – das _____

2 die Männer – der _____

3 die Brötchen – das _____

4 die Meere – das _____

5 die Länder – das _____

6 die Architektinnen – die _____

7 die Kurse – der _____

8 die Hotels – das _____

9 die Ärzte – der _____

10 die Füße – der _____

11 die Fotos – das _____

12 die Informationen – die _____

13 die Einladungen – die _____

14 die Bäume – der _____

4 Welche Nomen haben keinen Plural? Markieren Sie.

<u>der Zucker</u> – der Kuchen • das Gepäck – der Koffer • das Glas – das Wasser • das Fleisch – das Steak •
der Kellner – der Service • das Auto – das Benzin • die Kartoffel – der Reis • der Alkohol – die Bar •
die Karotte – das Gemüse • die Polizei – der Polizist • die Natur – der Fluss

5 Welche Nomen haben keinen Singular? Markieren Sie.

die Omas – die Großeltern • die Eltern – die Väter • die Sofas – die Möbel • die Berge – die Alpen •
die Ferien – die Reisen • die Leute – die Personen

6 Eine Bestellung. Ergänzen Sie die Pluralendungen und – wenn nötig – den Umlaut.

Möbelhaus Okio		
Bestellung		
Anzahl	**Artikel**	**Artikelnummer**
6	Küchenstuhl....	123 456 78
4	Lampe...	123 456 98
4	Gardine...	123 456 87
2	Sofa...	123 456 79
2	Herd...	123 457 59
12	Teller...	122 345 78
12	Glas...	122 345 16
12	Löffel...	122 345 25
3	Servierwagen...	123 456 65

und 2 Lkw... für den Transport, bitte!

Ort, Datum   Unterschrift

Indefiniter Artikel

Möchten Sie eine Banane?

	maskulin	neutral	feminin	Plural
Nominativ	ein Mann	ein Haus	eine Frau	– Autos
Akkusativ	einen Kaffee	ein Brötchen	eine Banane	– Kartoffeln
Dativ	einem Freund	einem Auto	einer Freundin	– Freunden

Definiter Artikel

Mhm, die Banane ist lecker.

	maskulin	neutral	feminin	Plural
Nominativ	der Mann	das Haus	die Frau	die Autos
Akkusativ	den Kaffee	das Brötchen	die Banane	die Kartoffeln
Dativ	dem Freund	dem Auto	der Freundin	den Freunden

Kein Artikel

Sachen, die man nicht zählen kann
(z. B. *Zeit, Lust, Geld, Glück, Hunger*)
haben keinen Artikel.

Auch ohne Artikel
Ich bin + Beruf:
Ich bin Pilotin von Beruf.

1 Zeit
2 Zeit
3 Zeit

Ich habe Zeit.

---

1 **Was ist das? Schreiben Sie Sätze.**

1 der Stuhl

Das ist ein Stuhl.

Der Stuhl ist modern.

2 das Wörterbuch

_____

praktisch.

3 die Stifte (Plural)

_____

neu.

4 die Vase

_____

schön.

5 das Bild

_____

teuer.

6 der Laptop

_____

fantastisch.

7 die Blumen (Plural)

_____

wunderbar.

8 die Tür

_____

offen.

2 **Ergänzen Sie die indefiniten Artikel im Akkusativ.**

Hast du ...

1 der Kuli

_____ Kuli?

2 die Uhr

_____ Uhr?

3 der Schirm

_____ Schirm?

4 die Katze

_____ Katze?

5 das Auto

_____ Auto?

6 die Kinder (Plural)

_____ Kinder?

7 der Computer

_____ Computer?

8 das Handy

_____ Handy?

3 **Ergänzen Sie die definiten Artikel im Akkusativ.**

1 Wie findest du ____ Bluse *(die)*?

2 Wie findest du ____ Rock *(der)*?

3 Wie findest du ____ Schuhe *(Plural)*?

4 Wie findest du ____ Kleid *(das)*?

5 Wie findest du ____ Brille *(die)*?

6 Wie findest du ____ Hund *(der)*?

4 **Schreiben Sie es positiv. Indefiniter Artikel oder kein Artikel?**

1 Er hat keine Zeit. – *Sie hat Zeit.*

2 Er hat kein Geld. – *Sie* _____

3 Er hat kein Handy. – _____

4 Er mag keinen Reis. – _____

5 Er hat kein Fahrrad. – _____

6 Er hat kein Glück. – _____

5 **Eine Stadtführung in München. Ergänzen Sie die Artikel.**

der Turm
das Stadion
die Kirche
der Platz
das Haus
der Berg

1 Meine Damen und Herren, links ist *ein* Turm.

Das ist *der* Fernsehturm.

2 Da ist _____ Stadion, das ist _____ Olympiastadion.

3 Sie sehen geradeaus _____ Kirche, das ist _____ Frauenkirche.

4 Hier links ist _____ großer Platz, das ist _____ Marienplatz.

5 Am Marienplatz steht _____ Haus mit einem Turm, das ist _____ Rathaus.

6 In der Ferne sehen Sie _____ Berge, das sind _____ Alpen.

6 **Ein Märchen. Ergänzen Sie die Artikel.**

der Drache

Es war einmal _____ König. _____ König war sehr reich. Er hatte

_____ Tochter. _____ Tochter war wunderschön. Eines Tages kommt

_____ Prinz. _____ Prinz möchte _____ Prinzessin heiraten.

Aber _____ Prinzessin will ihn nicht heiraten. Da muss _____

Prinz seine Liebe zeigen. Er tötet einen Drachen. Zum Schluss

heiratet _____ Prinz _____ Prinzessin und ein Jahr später

bekommen sie _____ Tochter.

> Das ist *kein* Apfel.
> Das esse ich *nicht*.

kein und *nicht*

kein	nicht
Ich lese kein Buch. Ich lese keine Zeitungen. Ich habe keine Zeit. Ich habe keinen Hunger. Ich brauche kein Auto.	Ich bin nicht verheiratet. Ich wohne nicht in Berlin. Ich arbeite nicht bei Lufthansa. Ich lese nicht. Ich lese nicht die Bibel. Ich lese nicht das Buch.

kein steht nur vor einem Nomen.
kein ist ein Artikel (*ein Buch – kein Buch, ein dickes Buch – kein dickes Buch*).

Andere Negationswörter

+	–
Ich esse immer zu Mittag.	Ich esse nie zu Mittag.
Auf der Party kenne ich alle.	Ich kenne niemand auf der Party.
Isst du etwas? Isst du alles?	Ich esse nichts.
Kannst du nur mit Brille lesen?	Ich kann ohne Brille lesen.
Warst du schon mal in Paris?	Nein, ich war noch nicht in Paris. Ich war noch nie in Frankreich.
Hast du noch Hunger?	Nein, ich habe keinen Hunger mehr.
Liebst du Thomas noch?	Nein, ich liebe ihn nicht mehr.

1 Schreiben Sie Sätze mit *nicht* oder *kein*.

1 Ich komme aus Sri Lanka. _____

2 Ich bin 23 Jahre alt. _____

3 Ich wohne in Köln. _____

4 Ich bin verheiratet. _____

5 Ich habe Kinder. _____

6 Das sind meine Kinder. _____

7 Sie haben Hunger. _____

8 Ich kaufe Brot. _____

9 Ich bin glücklich. _____

2 Was passt zusammen? Kombinieren Sie.

Das ist Sie hat Er kann Wir gehen Ich kaufe	**keinen** **nicht** **kein** **keine**	Lust zu kochen. Gehen wir ins Restaurant? diese Schuhe. Die anderen sind schöner. Hund, das ist eine Katze. Freund, sie ist immer allein. kochen. Kinder. ins Kino.

3 **Kein Mittagessen. Ergänzen Sie *nicht* oder *kein*.**

Frau Paul: Hallo, Frau Schmidt. Gehen Sie in die Kantine mit?

Frau Schmidt: Nein, tut mir leid. Ich kann _____ mitkommen.

Ich habe _____ Zeit und ich habe auch _____ Hunger.

Frau Paul: Sehen wir uns später bei dem Meeting?

Frau Schmidt: Nein, das geht _____. Ich arbeite _____ in dem Projekt. Sehen Sie Herrn Meier?

Frau Paul: Herr Meier arbeitet _____ in unserer Abteilung. Ich treffe ihn _____.

Sehen wir uns morgen in der Mittagspause?

Frau Schmidt: Morgen mache ich _____ Pause, weil ich zurzeit _____ Sekretärin habe.

Ich kann zwei Wochen mittags _____ essen gehen.

Frau Paul: Bringen Sie sich Essen von zu Hause mit?

Frau Schmidt: Nein, ich habe _____ Lust, etwas zu kochen. Und Sandwichs schmecken mir _____.

Und ich esse _____ Süßigkeiten und _____ Fast Food. Ich habe schon 3 kg abgenommen.

Frau Paul: Ich möchte auch _____ zunehmen.

Das Essen in der Kantine ist auch _____ gesund und macht dick.

Frau Schmidt: Sie sind schlank. Sie müssen _____ Angst haben!

4 **Herr Positiv und Herr Negativ. Schreiben Sie Sätze mit Negationswörtern.**

Herr Positiv
1 Ich bin **noch** jung!
2 Ich habe **noch** Energie.
3 Ich bin **immer** glücklich.
4 Ich finde **alles** wunderbar!
5 Ich liebe **alle**.
6 Ich war **schon oft** im Urlaub.
7 Ich nehme **alles** mit Humor.

> *Herr Negativ*
> *1 Ich bin nicht mehr jung!*

5 **Negieren Sie.**

Frau Überhub: Waren Sie <u>schon mal</u> in Tokio?

Frau Niederfeld: Nein, ich war _____ in Japan. Und Sie?

Frau Überhub: Ich war schon oft da. Wir fahren <u>immer</u> nach Japan.

Frau Niederfeld: Ich fahre _____ ins Ausland.

Frau Überhub: Aber <u>alle</u> fahren ins Ausland!

Frau Niederfeld: Alle fahren ins Ausland? Nein, _____ fährt ins Ausland.

Hier in Deutschland gibt es doch <u>alles</u>: Berge, Meer, Städte.

Frau Überhub: Nein, hier gibt es _____! Kein Sushi, keinen Fuji,

keine Kimonos! Herr Ober, gibt es <u>noch</u> Suppe?

Ober: Nein, wir haben leider _____ Suppe _____.

Aber wir haben Salat <u>mit</u> Eiern und _____ Eier.

Frau Überhub: Sehen Sie, hier gibt es nichts!

Ich bin nicht
verheiratet und
arbeite nicht, ich
habe auch keine
Kinder, aber leider
auch keine Zeit.

Verben mit Akkusativ

Subjekt — **Verb** — Objekt
Der Kellner — trinkt — einen Saft.
Nominativ ↑   ↑ Akkusativ

trinken ist ein Verb mit Subjekt (*der Kellner*) und Objekt (*einen Saft*). Das Objekt steht im Akkusativ. Das Objekt kann eine Person oder Sache sein: *Ich liebe meinen Mann.*

	Frage	maskulin	neutral	feminin	Plural
Nominativ	wer? (Person) was? (Sache)	der Mann ein Mann kein Mann	das Kind ein Kind kein Kind	die Frau eine Frau keine Frau	die Leute – Leute keine Leute
Akkusativ	wen? (Person) was? (Sache)	den **Mann** einen **Mann** keinen **Mann**	das **Kind** ein **Kind** kein **Kind**	die **Frau** eine **Frau** keine **Frau**	die **Leute** – **Leute** keine **Leute**

Nur maskuline Nomen haben für den Akkusativ eine extra Form: *den/einen/keinen.*
Die Possessivartikel funktionieren wie *kein: Ich liebe meinen Mann.*

1 **Eine Geschäftsreise. Ergänzen Sie die definiten Artikel im Akkusativ.**

Ich fahre zwei Tage nach Berlin. Ich brauche *den* Wecker *(der)*, _____ Computer *(der)*,

_____ Pass *(der)*, _____ Kreditkarte *(die)*, _____ Schirm *(der)*, _____ Tasche *(die)*,

_____ MP3-Player *(der)*, _____ Schuhe *(Plural)*, _____ Socken *(Plural)*,

_____ Pyjama *(der)*, _____ Waschzeug *(das)* und _____ Zeitung *(die)*.

2 **Ergänzen Sie die indefiniten Artikel im Akkusativ.**

Walter kauft *eine* Flasche Wein *(die)*, _____ Glas Marmelade *(das)*, _____ Schwarzbrot *(das)*,

_____ Brötchen *(Plural)*, _____ Packung Milch *(die)*, _____ Salat *(der)*, _____ Tomaten *(Plural)*,

_____ Joghurt *(der)*, _____ Schokoladenkuchen *(der)*.

3 **Was hat Thomas, was hat er nicht? Ergänzen Sie.**

das Auto
das Fahrrad
das Bett
der Fernseher
der Tisch
die Wasch-maschine

das Handy
das Telefon
der Computer
der Stuhl
der Kühlschrank
das Haus

Thomas hat *ein Auto* . Er hat *kein Fahrrad* . Er hat _____ und _____

_____ , aber _____ und _____ . Thomas hat

_____ , aber _____ . Er hat _____ , aber

_____ . Er hat _____ , aber _____

4 **Ergänzen Sie die Artikel im Nominativ und Akkusativ.**

				die Pflanze		
die Kuh die Milch	das Gras	der Mensch	der Fisch	die Pflanze	die Hühner (Plural)	die Körner (Plural)

1 D___ Kuh frisst d___ Gras. D___ Mensch trinkt d___Milch.

2 D___ Fisch frisst d___ Pflanze. D___ Mensch isst d___ Fisch.

3 D___ Hühner fressen d___ Körner. D___ Mensch isst d___ Hühner.

5 *Wen* oder *was*? **Ergänzen Sie die Fragewörter.**

1 ● W___ trinken Sie gerne? ■ Champagner.   4 ● W___verstehen Sie nicht? ■ Die Frage.

2 ● W___ sehen Sie oft? ■ Meine Kollegen.   5 ● W___ lieben Sie? ■ Gute Musik, gutes Essen.

3 ● W___ verstehen Sie nicht? ■ Die Lehrerin.   6 ● W___ lieben Sie? ■ Meine Familie.

6 **Was passt zusammen? Kombinieren Sie und schreiben Sie Sätze.**

Ich Wir Meine Freunde	hören brauchen trinken sehen lesen kaufen	___ Glas Wein (*das*). ___ Oper (*die*). ___ Bücher (*Plural*). ___ Stift (*der*). ___ Auto (*das*). ___ Film (*der*).

7 **Wo ist der Akkusativ? Markieren Sie.**

1 Wir kaufen *Stühle*. Die Stühle finde ich sehr schön.

2 Wir haben einen Sohn und eine Tochter. Wir lieben die Kinder.

3 Die Kinder lieben die Lehrerin.

4 Die Suppe esse ich nicht. Möchtest du das Brötchen?

5 Ich bezahle den Wein, das Essen bezahlst du.

8 **Eine E-Mail. Ergänzen Sie die Artikel im Nominativ und Akkusativ.**

der Hund
die Katze
das Kaninchen
die Fische (Plural)
die Tiere

Liebe Elise,

jetzt habe ich ___ Hund! ___ Hund ist sehr süß und heißt Flocki. Du weißt, ich habe auch

___ Katze, ___ Kaninchen und ___ Fische.

Ich mag ___ Tiere sehr. ___ Hund liebe ich, ___ Katze mag ich, ___ Kaninchen mag ich ein

bisschen (es stinkt!) und ___ Fische finde ich langweilig. Zum Glück mag ___ Katze auch ___ Hund

und ___ Hund mag ___ Katze, aber ___ Katze möchte immer ___ Fische fressen.

___ Hund frisst Fleisch und ist leider teuer. Aber ich finde ___ Hund wunderbar.

Wann kommst du und besuchst mich und ___ Tiere? Bitte komm bald!

Viele Grüße

Jenny

	Frage	maskulin	neutral	feminin	Plural
Nominativ	wer? (Person) was? (Sache)	der Mann ein Mann kein Mann	das Kind ein Kind kein Kind	die Frau eine Frau keine Frau	die Leute – Leute keine Leute
Akkusativ	wen? (Person) was? (Sache)	den Mann einen Mann keinen Mann	das Kind ein Kind kein Kind	die Frau eine Frau keine Frau	die Leute – Leute keine Leute
Dativ	wem? (Person)	dem Mann einem Mann keinem Mann	dem Kind einem Kind keinem Kind	der Frau einer Frau keiner Frau	den Leuten – Leuten keinen Leuten

Im Dativ sind maskulin und neutral gleich.

Im Dativ Plural hat das Nomen ein *n* am Ende.
Nomen mit *s* im Plural haben kein *n*: *Wir fahren mit zwei Autos.*

Der Possessivartikel funktioniert wie *kein*.

> Ich fahre mit
> *meinem* Auto.

1 **Wie fahren Sie zur Arbeit? Ergänzen Sie die definiten Artikel im Dativ.**

das Auto *der Zug* *die U-Bahn* *das Taxi*

1 mit _dem_ Auto   2 mit ____ Zug   3 mit ____ U-Bahn   4 mit ____ Taxi

das Fahrrad *die Straßenbahn* *die Rollschuhe (Plural)* *der Bus*

5 mit ____ Fahrrad   6 mit ____ Straßenbahn   7 mit ____ Rollschuhe___ 8 mit ____ Bus

2 **Mit wem gehen Sie ins Kino? Ergänzen Sie die indefiniten Artikel im Dativ.**

1 mit *einer* Freundin   5 mit ____ Kollegin

2 mit ____ Freund   6 mit ____ Lehrer

3 mit ____ Freunde___   7 mit ____ Mann

4 mit ____ Mädchen   8 mit ____ Gäste___

> die Freundin – der Freund –
> die Freunde (*Plural*) –
> das Mädchen – die Kollegin –
> der Lehrer – der Mann –
> die Gäste (*Plural*)

3 **Mit wem möchten Sie in den Urlaub fahren?**
Ergänzen Sie die indefiniten Artikel im Dativ.

1 Mit _einem_ Kind oder mit zwei Kinder_n_?

2 Mit ein___ Baby oder mit zwei Babys___?

3 Mit ein___ Mann oder mit vielen Männer___?

4 Mit ein___ Freund oder mit zehn Freunde___?

5 Mit ein___ Kollegin oder mit 28 Kolleginnen___?

6 Mit ein___ Frau oder mit vielen Frauen___?

7 Mit ein___ Oma oder mit zwei Omas___?

8 Mit ein___ Opa oder mit zwei Opas___?

4 **Reinhild ist so nett! Ergänzen Sie die Artikel im Dativ.**

Reinhild hilft ein___ Kollegin, ein___ Kind und d___ Eltern.

Zum Geburtstag gratuliert sie d___ Freundinnen und d___ Freunde___, d___ Mutter, d___ Vater und d___ Hund

von der Nachbarin.

Sie gibt d___ Kollegen Sandwichs, d___ Katze einen Fisch, ein___ Baby Milch und d___ Chef einen Kuss.

Und Reinhild schenkt d___ Nachbarin Blumen, d___ Kinder___ Schokolade und d___ Lehrer einen Mercedes.

5 **Willibald ist unfreundlich. Ergänzen Sie _kein_ im Dativ.**

Willibald gibt kein___ Kellner und kein___ Kellnerin Trinkgeld. Er hilft kein___ Nachbarin, gratuliert kein___

Freund und auch kein___ Freundin zum Geburtstag. Er schenkt kein___ Kind Schokolade und kein___ Lehrerin

ein Auto und kein___ Hund eine Wurst.

Deshalb hat Willibald keine Freunde.

6 **Mein Geburtstag. Ergänzen Sie die Possesivartikel im Dativ.**

Meine Party war wunderbar. Ich habe zwölf Freunde zu meine___ Geburtstag eingeladen. Viele sind mit ihr___

Freund oder ihr___ Freundin und auch mit ihr___ Kinder___ gekommen. Manche hatten einen weiten Weg

und haben bei mir oder bei mein___ Eltern___ übernachtet. Eine Kollegin ist sogar mit ihr___ zwei Babys___

gekommen. Es war wirklich viel los!

7 **Ein Zettel auf dem Küchentisch. Ergänzen Sie die Artikel im Dativ.**

Lieber Nils,

wir sind bis Sonntag nicht da! Wir brauchen eine Pause nach d___ vielen Arbeit.

Wir fahren gleich mit d___ Bahn nach Gießen zu ein___ Freund und sein___ Freundin.

Wir bleiben drei Tage bei d___ Freunde___. Mit d___ Auto von d___ Freunde___

können wir Ausflüge machen. Und wir möchten gerne zu ein___ See laufen und mit

ein___ Boot fahren.

Hoffentlich hast du auch Spaß! Vergiss aber nicht: Morgen musst du das Papier bei

d___ Arzt abgeben.

Bis Sonntagabend!

Grüße und Küsse

Andrea

Ist das *Ihr* Koffer?

ich – mein

du – dein

er – sein

es – sein

sie – ihr

wir – unser

ihr – euer

sie – ihr

S̲ie – I̲hr

	maskulin	neutral	feminin	Plural
Nominativ	mein Vater	mein Auto	meine Mutter	meine Eltern
	dein Vater	dein Auto	deine Mutter	deine Eltern
	sein Vater	sein Auto	seine Mutter	seine Eltern
	sein Vater	sein Auto	seine Mutter	seine Eltern
	ihr Vater	ihr Auto	ihre Mutter	ihre Eltern
	unser Vater	unser Auto	unsere Mutter	unsere Eltern
	euer Vater	euer Auto	eure Mutter	eure Eltern
	ihr Vater	ihr Auto	ihre Mutter	ihre Eltern
	Ihr Vater	Ihr Auto	Ihre Mutter	Ihre Eltern
Akkusativ	meinen Vater	mein Auto	meine Mutter	meine Eltern
	...	...	...	...
	euren Vater	euer Auto	eure Mutter	eure Eltern
	...	...	...	...
Dativ	meinem Vater	meinem Auto	meiner Mutter	meinen Eltern
	...	...	...	...
	eurem Vater	eurem Auto	eurer Mutter	euren Eltern
	...	...	...	...

Der Possessivartikel hat die gleiche Endung wie kein: *Ich brauche keine Bücher. Ich brauche meine Bücher.*

1 Ergänzen Sie die Possessivartikel.

1 Hier bin ich und das ist _____ Kind.

2 Das bist du und _____ Vater.

3 Da ist Thomas und _____ Mutter.

4 Hier ist Judy und _____ Tochter.

5 Das sind wir und _____ Kinder.

6 Und das seid ihr und _____ Eltern.

7 Hier stehen Aiping und Mark und _____ zwei Katzen.

8 Guten Tag, Herr Schmidt, kommt _____ Frau heute auch?

2 Ergänzen Sie die Possessivartikel.

Das ist Jörg.

Das ist _seine_ Frau, Martina. Das sind _____ Kinder.

Das ist _____ Fahrrad. Das ist _____ Tasche.

Das ist _____ Computer. Das sind _____ Bücher.

Das ist Martina.

Das ist _____ Mann, Jörg. Das sind _____ Kinder.

Das ist _____ Tasche. Das ist _____ Fahrrad.

Das ist _____ Computer. Das sind _____ Bücher.

Das sind Jörg und Martina.

Das sind _____ Kinder. Das ist _____ Tochter Susi.

Das ist _____ Sohn Thomas. Das ist _____ Haus.

3 Tante Cornelia kommt aus Rom zu Besuch und fragt Thomas und Susi. Ergänzen Sie die Possessivartikel.

Tante Cornelia: Thomas und Susi, wo ist denn _____ Papa jetzt?

Thomas und Susi: _____ Papi ist in der Küche.

Tante Cornelia: Und wo ist _____ Mama?

Thomas und Susi: _____ Mami ist auf der Arbeit.

Tante Cornelia: Und wie heißen _____ Freunde?

Thomas und Susi: _____ Freunde sind Philip und Sabina und _____ Mami und

_____ Papi und _____ Teddys.

4 Was bedeutet *ihr* oder *Ihr*? Kreuzen Sie an.

	Frau Malls	Frau Dorns	Lisas	Tims und Toms
Frau Mall: Guten Tag, Frau Dorn. Wie geht es <u>Ihrer</u> Tochter Lisa?				
Frau Dorn: Wieder gut. Sie ist jetzt bei <u>ihren</u> Großeltern.				
Sie liebt <u>ihren</u> Opa sehr.				
Und wie geht es <u>Ihrer</u> Familie?				
Frau Mall: Danke, sehr gut.				
Frau Dorn: Wo sind denn <u>Ihre</u> Zwillinge Tim und Tom jetzt?				
Frau Mall: Die sind zu <u>ihren</u> Freunden gefahren.				
Übrigens: <u>Ihr</u> Mann hat angerufen.				
<u>Ihr</u> Auto ist fertig repariert.				

5 Mein Geburtstag. Ergänzen Sie die Possesivartikel.

An meinem Geburtstag fahre ich immer nach Hamburg zu _____ Familie. _____ Bruder Heinrich

wohnt mit _____ Frau Doris im Haus von ihr___ Eltern. Heinrich hat Zwillinge: Ralf und Leonie.

Leonie liebt _____ Bruder sehr, aber Ralf mag _____ Schwester nur ein bisschen. Aber beide

Kinder lieben _____ Großeltern.

M_____ Schwester Monika lebt auch in Hamburg. Wir feiern alle zusammen _____ Geburtstag bei

_____ Eltern. Monika kommt immer mit _____ Freund Joachim und sein___ Tochter Ana.

_____ Eltern finden es wunderbar, wenn _____ Kinder alle bei ihnen sind. Ich bekomme von

_____ Geschwistern immer viele Geschenke und _____ Kinder malen mir immer schöne Bilder.

Artikel		maskulin		neutral		feminin		Plural	
definit		der	Mann	das	Kind	die	Frau	die	Leute
interrogativ	Nominativ	welcher	Mann?	welches	Kind?	welche	Frau?	welche	Leute?
demonstrativ		dieser	Mann!	dieses	Kind!	diese	Frau!	diese	Leute!
definit		den	Mann	das	Kind	die	Frau	die	Leute
interrogativ	Akkusativ	welchen	Mann?	welches	Kind?	welche	Frau?	welche	Leute?
demonstrativ		diesen	Mann!	dieses	Kind!	diese	Frau!	diese	Leute!
definit		dem	Mann	dem	Kind	der	Frau	den	Leuten
interrogativ	Dativ	welchem	Mann?	welchem	Kind?	welcher	Frau?	welchen	Leuten?
demonstrativ		diesem	Mann!	diesem	Kind!	dieser	Frau!	diesen	Leuten!

1 Nominativ. Was passt zusammen? Kombinieren Sie.

1 Welcher Kollege?   A Diese.
2 Welche Tür?   B Diese.
3 Welches Buch?   C Dieser.
4 Welche Socken?   D Dieses.

2 Nominativ. Ergänzen Sie die Endungen.

Frau: Der Mantel, die Hose, die Schuhe, das Kleid, die Jacke, das Halstuch, der Schal und die Stiefel sind schön!

Mann: 1 Welcher Mantel?   *Frau:*   Dies *er* .

2 Welche Hose?   Dies___.

3 Welche Schuhe?   Dies___.

4 Welches Kleid?   Dies___.

5 Welche Jacke?   Dies___.

6 Welches Halstuch?   Dies___.

7 Welcher Schal?   Dies___.

8 Welche Stiefel?   Dies___.

3 **Nominativ. Ergänzen Sie die Endungen.**

Kindergärtnerin:	Welch__ Kinder sind denn Ihre Kinder?
Mutter:	Das kleine Mädchen da rechts und der blonde Junge da hinten.
Kindergärtnerin:	Dies__ Mädchen?
Mutter:	Ja. Hallo, Lisa!
Kindergärtnerin:	Und welch__ Junge?
Mutter:	Dies__ blonde, süße Junge da hinten!
Kindergärtnerin:	Oh, dies__ Kind war problematisch.

Welcher?   Dieser!
Welches?   Dieses!
Welche?   Diese!

4 **Nominativ und Akkusativ. Ergänzen Sie die Endungen.**

Linda: Welch__ Tasche findest du schöner? Dies__ hier oder dies__ da?

Jette: Ich finde dies__ schöner. Aber welch__ ist auch gut zum Einkaufen?

Linda: Keine. Aber das ist egal. Ich nehme dies__ .

5 **Dativ. Was passt zusammen? Ergänzen und kombinieren Sie.**

1 Mit welch__ Freundin gehst du ins Kino?

2 Zu welch__ Arzt gehst du?

3 Aus welch__ Land kommt Gyros?

4 Bei welch__ Lehrerin haben wir Unterricht?

5 Von welch__ Freund hast du das Geschenk?

6 Welch__ Kind hast du geholfen?

A Bei der jungen, netten.

B Mit Susanne.

C Zu Dr. Schneider.

D Ich weiß nicht. Aus Frankreich?

E Dem Kind von meiner Nachbarin.

F Von Thomas.

6 **In der Klasse. Nominativ, Akkusativ und Dativ. Ergänzen Sie die Endungen.**

Scarlett: Welch____ Lehrer haben wir heute?

Jun: Dies____ dicken. Er heißt Herr Weiher, glaube ich.

Scarlett: Und welch____ Übungen waren die Hausaufgabe?

Jun: Dies____ hier auf Seite 63. Mit welch____ Buch hast du früher gelernt?

Scarlett: Mit studio d.

Jun: Welch____ Buch findest du besser? Dies____ hier oder studio d?

Scarlett: Beide sind sehr gut. Welch____ Buch hattest du früher?

Jun: Ich hatte dies____ hier, Band 1.

7 **Nominativ, Akkusativ und Dativ. Ergänzen Sie die Endungen.**

Antonio: In welch____ Raum lernen wir heute?

Chen: Ich glaube, wir bleiben in dies____ hier.

Antonio: Oh, ich hasse dies____ Raum. Es ist so kalt hier.

Chen: Ich bin gerne in dies____ Raum, weil er groß ist.

         Welch____ Raum findest du gut?

Antonio: Raum 69.

der Raum

Nominativ	Akkusativ	Dativ
ich	mich	mir
du	dich	dir
er	ihn	ihm
sie	sie	ihr
es	es	ihm
wir	uns	uns
ihr	euch	euch
sie	sie	ihnen
Sie	Sie	Ihnen

Die Frau liebt den Mann. Sie liebt ihn.
Der Mann liebt die Frau. Er liebt sie.
Die Frau geht mit dem Mann. Sie geht mit ihm.
Der Mann geht mit der Frau. Er geht mit ihr.

1 **Personalpronomen im Akkusativ. Was passt zusammen? Kombinieren Sie.**

1 Magst du die neue Kollegin?   A Nein, ich nehme es nicht.
2 Liebst du den Mann?   B Na ja, ich mag dich.
3 Essen Sie die Spaghetti?   C Wir lieben euch!
4 Liebst du mich?   D Nein, ich mag ihn nicht.
5 Kaufst du das Auto?   E Ja, ich nehme sie.
6 Mögt ihr uns?   F Ja, ich mag sie.

2 **Personalpronomen im Akkusativ. Ergänzen Sie.**

In vier Monaten bekommen wir noch ein Baby. Es ist ein Mädchen. Wir lieben _____ (*das Mädchen*)

jetzt schon. Leider ist dann unsere Wohnung zu klein, aber wir mögen _____ (*unsere Wohnung*) sehr.

Und wir brauchen auch ein großes Auto. Mein Mann möchte _____ (*das Auto*) gerne schon jetzt kaufen.

Ich kenne _____ (*meinen Mann*).

3 **Personalpronomen im Dativ. Ergänzen Sie.**

1 Der Vater kauft den Kindern ein Eis. Er kauft *ihnen*_____ auch Schokolade.

2 Der Kellner bringt der Dame einen Tee. Er bringt _____ auch ein Stück Torte.

3 Ich bestelle dir und mir eine Pizza. Und ich bestelle _____ zwei Cola.

4 Der Mann schenkt seiner Freundin Blumen. Er schenkt _____ auch einen Ring.

5 Er bezahlt dir und deiner Schwester die Cola. Und er bezahlt _____ das Essen.

6 Der Lehrer gibt den Studenten Hausaufgaben. Er gibt _____ auch einen Test.

4 Personalpronomen im Dativ. Schreiben Sie die Antworten.

1 Wie geht es Ihnen?
2 Wie geht es Ihrem Vater?
3 Wie geht es Ihrer Mutter?
4 Wie geht es Ihren Eltern?
5 Wie geht es dir?
6 Wie geht es Ihnen und Ihrer Frau?

> *1 Es geht mir gut.*

5 Im Büro. Personalpronomen im Dativ. Ergänzen Sie.

Chef: Herr Bauer, sagen Sie bitte Herrn Schütz, ich möchte mit _____ sprechen. Und mit _____,

Herr Bauer, möchte ich später auch sprechen.

Herr Bauer: Herr Schütz, der Chef möchte mit _____ sprechen. Und mit _____ später leider auch.

Herr Schütz: Könnten Sie bitte meine Frau anrufen und _____ sagen, dass ich später komme? Unsere

Freunde wollen heute mit _____ ins Theater gehen.

Herr Bauer: Ja, gerne, mache ich. Gehen Sie jetzt zum Chef. Ich muss ja später auch noch zu _____.

6 Personalpronomen im Akkusativ und Dativ. Schreiben Sie die Antworten.

1 Gehst du mit mir ins Theater?
2 Fährst du mit deiner Freundin nach Paris?
3 Gehen Sie mit Ihren Kindern ins Schwimmbad?
4 Gehst du mit mir und meinem Bruder ins Kino?
5 Tanzt du mit dem Mädchen?
6 Gehst du mit deinem Freund spazieren?
7 Fahren eure Freunde mit euch in Urlaub?

> *1 Ja, nur mit dir, nie ohne dich!*

7 Ergänzen Sie die Personalpronomen im Nominativ, Akkusativ und Dativ.

Liebe Ulrike,

ich kann es kaum glauben: Ich habe meinen Traummann getroffen! _____ ist

so nett. Ich habe _____ gestern auf einer Party kennengelernt. _____ hat

mich angesehen und ich habe _____ angesehen und – wow!!! Ich habe die

ganze Nacht mit _____ getanzt.

Ich mag _____ so. Und _____ ist auch sehr attraktiv. Er gefällt _____ sehr.

Er hat _____ nach Hause gebracht und _____ nach meiner Telefonnummer

gefragt. Ist _____ nicht süß? Morgen treffe ich _____ wieder!

Ich glaube, ich liebe _____ und er liebt _____.

_____ bin so glücklich!

Ruf _____ mal an!

Deine Julia

Du fragst mich, ich antworte dir.
Ich mag dich, du gefällst mir.
Du brauchst mich, ich helfe dir.
Du hast Zeit? Das passt mir.

Ich kaufe meinem Sohn einen Ball.
Verben mit Akkusativ und Dativ

Verben mit Akkusativ

`trinken` ist ein Verb mit Subjekt (*der Kellner*) und Objekt (*einen Saft*). Das Objekt steht im Akkusativ. Das Objekt kann eine Person oder Sache sein (*Ich liebe mein Kind.*)*.

```
          Verb
Subjekt         Objekt
Der Kellner  trinkt  einen Saft.
   ↑             ↑
Nominativ      Akkusativ
```

Verben mit Akkusativ und Dativ

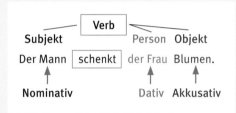

`schenken` ist ein Verb mit Subjekt (*der Mann*), Objekt (*Blumen*) und einer zweiten Person (*der Frau*). Die zweite Person steht im Dativ. Der Dativ (ohne Präposition) ist immer eine Person oder ein Tier.

```
          Verb
Subjekt         Person  Objekt
Der Mann  schenkt  der Frau  Blumen.
   ↑               ↑       ↑
Nominativ        Dativ  Akkusativ
```

Verben nur mit Dativ
Es gibt Verben nur mit Dativ. Die lernen Sie in Kapitel 22.

Verben nur mit Nominativ

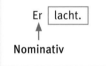

`lachen` ist ein Verb nur mit Nominativ, ohne Objekt. Der Nominativ ist das Subjekt (*er*). Das Subjekt kann eine Person oder eine Sache sein (*Die Sonne scheint.*)**.

```
Er  lacht.
 ↑
Nominativ
```

Wortposition bei Nomen

	Nominativ	Dativ	Akkusativ
	Die Kellnerin serviert	den Leuten	die Getränke.
Heute bringt	der Chef	den Gästen	das Frühstück.

* Verben mit Akkusativ heißen transitiv. Im Wörterbuch steht: V tr. (Verb transitiv)

** Diese Verben heißen intransitiv. Im Wörterbuch steht V itr. (Verb intransitiv)

---

1 **Schreiben Sie Sätze. Welches Nomen steht im Akkusativ, welches im Dativ?**

> die Patientin – die Tabletten (*Plural*) – die Gäste (*Plural*) – das Haus – der Vater – der Sohn – der Computer – die Mutter – die Tochter – die Puppe – der Freund – das Auto – die Freunde (*Plural*) – der Kaffee – das Kind – die Suppe

1 Mann • schreiben • Frau • E-Mail • .
2 Dr. König • geben • Patientin • Tabletten • .
3 Wir • zeigen • Gäste • Haus • .
4 Vater • kaufen • Sohn • Computer • .
5 Mutter • schenken • Tochter • Puppe • .
6 Ich • verkaufen • Freund • Auto • .
7 Er • servieren • Freunde • Kaffee • .
8 Sie • kochen • Kind • Suppe • .

1 Der Mann schreibt der Frau eine E-Mail.

**2 Was ist der Nominativ (Subjekt), der Akkusativ (Objekt) und der Dativ?
Unterstreichen Sie: Nominativ schwarz, Akkusativ blau und Dativ rot.**

<u>Ich</u> gehe jetzt ins Einkaufszentrum. Da kaufe <u>ich</u> <u>meiner Frau</u> <u>einen Ring</u> und meinem Sohn schenke ich einen Ball und meinem Töchterchen eine Barbie. Meinen beiden Kindern kaufe ich Süßigkeiten. Ich liebe meine Familie. Im Internet-Café schreibe ich dann meinem Vater eine E-Mail. Dann gehe ich ins Kino. Ich mag Filme sehr.

3 Ordnen Sie die Verben.

kochen • ~~schenken~~ • kaufen • servieren • essen • kommen • trinken • verkaufen •
lachen • wohnen • schlafen • gehen • lesen • geben • treffen • lieben • besuchen • haben •
möchten • sein • finden • bringen • zeigen

nur ein Subjekt (also kein Objekt)	ein Subjekt und ein Objekt	ein Subjekt, ein Objekt und eine Person
		schenken

4 Weihnachten. Ergänzen Sie die Artikel.

Am 24.12.kommt in Deutschland d__ Weihnachtsmann. Er bringt d__ Kinder__ d__ Geschenke. D__ Eltern

schenkt er manchmal auch etwas. D__ Kinder möchten d__ Weihnachtsmann gerne sehen, aber meistens

kommt er heimlich und legt d__ Geschenke unter den Weihnachtsbaum. Oft schenkt er d__ Kinder__

Spielsachen, d__ Vater ein__ Krawatte und d__ Mutter ein__ Flasche Parfüm. D__ Kinder packen d__

Geschenke aus und spielen gleich mit den neuen Sachen. Am 25.12. besucht d__ Familie oft d__ Großeltern.

D__ Großmutter kocht dann ein__ gutes Essen und die Kinder zeigen d__ Großeltern d__ neuen Geschenke.

5 Vaters Geburtstag. Ergänzen Sie die Artikel.

Mein__ Vater hat Geburtstag. Ich schenke mein__ Vater ein__ Fernseher. Mein__ Vater ist glücklich.

Er findet d__ Fernseher super! Mein__ Schwester gibt mein__ Vater ihr__ schönstes Foto und mein__ Mutter

schenkt ihr__ Mann ein__ Krawatte.

Am Nachmittag kommen d__ Gäste. D__ Gäste besuchen mein__ Vater.

Ich serviere d__ Gästen d__ Kaffee. Mein__ Schwester kauft ein__ Kuchen.

D__ Gäste trinken d__ Kaffee. D__ Kuchen ist wunderbar. Mein__ Vater trägt sein__ neue Krawatte.

Um 20 Uhr gehen d__ Gäste nach Hause. Mein__ Schwester bringt mein__ Vater mit dem Auto ins

Restaurant. Er trifft sein__ Freunde im Restaurant. Mein__ Mutter räumt d__ Wohnung auf.

Um 24 Uhr holt mein__ Mutter mein__ Vater im Restaurant ab.

6 Ein Geschenk. Ergänzen Sie die Personalpronomen.

Mein Bruder hat morgen Geburtstag. Ich mag _____ sehr. Deshalb möchte ich _____ ein schönes Geschenk

kaufen. Im Geschäft suche ich die Verkäuferin und frage _____: „Haben Sie sehr gute Herrenuhren?"

Die Verkäuferin sagt: „Ich zeige _____ ein paar schöne Herrenuhren."

Die Uhren sind sehr schön. Ich kaufe eine wunderbare Uhr und bezahle _____ an der Kasse.

Morgen fahre ich zu meinem Bruder und gebe _____ die Uhr.

Verben mit Nominativ und Dativ

	Verb	
Subjekt		Person
Der Mann	gratuliert	der Frau.
↑ Nominativ		↑ Dativ

Herzlichen Glückwunsch!

Diese Verben sind nicht logisch wie die Verben in Kapitel 21. Diese Verben haben nur ein Subjekt und eine Person (im Dativ). Diese Verben mit Dativ müssen Sie lernen.
ebenso: *antworten, gratulieren, helfen, zuhören, glauben, danken*

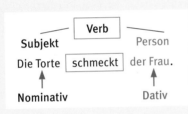

	Verb	
Subjekt		Person
Die Torte	schmeckt	der Frau.
↑ Nominativ		↑ Dativ

Bei diesen Verben steht die Person im Dativ und die Sache im Nominativ.
ebenso: *gefallen, gehören, passen, schmecken, stehen* (Stil und Farbe), *wehtun*
Auch Nominativ und Dativ:
Es tut mir leid.
Wie geht es Ihnen?

1 **Schreiben Sie Sätze.**

1 Mann • antworten • Frau • .

Der Mann antwortet der Frau.

2 Mann • gratulieren • Frau • .

_____

3 Kind • helfen • Mann • .

_____

4 Kinder • zuhören • Oma • .

_____

2 Schreiben Sie Sätze.

1 Haus • gefallen • Leute • .
2 Wein • schmecken • Mann • nicht • .
3 Schuhe • passen • Frau • gut • .
4 Auto • gehören • Chef • .
5 Jacke • stehen • Mädchen • nicht gut • .
6 Film • gefallen • Freunde • .
7 Kopf • wehtun • Frau • .

> *1 Das Haus gefällt den Leuten.*

> der Wein – der Mann –
> die Schuhe (*Plural*) – die Frau –
> das Auto – der Chef – die Jacke –
> das Mädchen – der Film –
> die Freunde (*Plural*) – der Kopf

3 Schreiben Sie Sätze mit den Verben *antworten, gratulieren, helfen, zuhören*.

1 Ich frage den Mann. Er _____ .

2 Anastasia hat Geburtstag. Wir _____ .

3 Du hast Probleme. Ich _____ .

4 Der Vater erzählt eine Geschichte. Die Kinder _____ .

4 Was sagen Sie?

1 Ich habe einen Fehler gemacht.
2 Mein Sohn hat einen Fehler gemacht.
3 Meine Eltern haben einen Fehler gemacht.
4 Meine Tochter hat einen Fehler gemacht.
5 Du hast einen Fehler gemacht.
6 Wir haben einen Fehler gemacht.
7 Mein Kind hat einen Fehler gemacht.
8 Ihr habt einen Fehler gemacht.

> *1 Es tut mir leid.*
> *2 Es tut ...*
> _____

5 Schreiben Sie Sätze mit Verben im Dativ.

> schmecken • wehtun • gehören • gefallen • schlecht gehen • passen • ~~passen~~

1 Morgen Abend habe ich keine Zeit.
2 Wir finden Frankfurt schön.
3 Ulrike ist krank.
4 Die Suppe ist wunderbar!
5 Das ist nicht meine Uhr.
6 Die Hose ist zu klein.
7 Ich habe Halsschmerzen.

> *1 Morgen Abend passt es mir nicht.*

6 Nominativ, Akkusativ oder Dativ? Ergänzen Sie die Personalpronomen.

Das ist Clemens. _____ ist süß. Ich finde _____ wunderbar. Er gefällt _____ sehr. _____ sieht toll aus.

Jede Farbe steht _____. Manchmal rufe ich _____ an und frage _____ etwas. Ich höre _____ immer zu.

Ich antworte _____ auch immer sofort. Wenn ich kann, helfe ich _____. Wenn er Zeit hat, passt _____ der

Termin immer. Ich liebe _____. Seine Küsse schmecken _____ so gut!

7 Nominativ, Akkusativ oder Dativ? Schreiben Sie Sätze.

1a Mann (*der*) • Frau (*die*) • Blumen (*Plural*) • schenken • .   b Blumen (*Plural*) • Frau • gefallen • .
2a Ober (*der*) • Gäste (*Plural*) • Essen (*das*) • servieren • .   b Gäste (*Plural*) • schmecken • Essen (*das*) • .
3a Chef (*der*) • Sekretärin (*die*) • fragen • .   b Sekretärin (*die*) • Chef (*der*) • antworten • .
4a Mädchen (*das*) • Freund (*der*) • E-Mail (*die*) • schreiben • .   b Freund (*der*) • Brief (*der*) • lesen • .
5a Mutter (*die*) • Kind (*das*) • Jacke (*die*) • kaufen • .   b Jacke (*die*) • Kind (*das*) • passen • .
6a Vater (*der*) • Sohn (*der*) • Fahrrad (*das*) • reparieren • .   b Sohn (*der*) • Vater (*der*) • helfen • .
7a Fuß (*der*) • Mann (*der*) • wehtun • .   b Arzt (*der*) • Mann (*der*) • helfen • .

Arbeiten Sie mit einem Partner.
Partner A sieht Seite 54, Partner B sieht Seite 55.
rot: **Sie bilden einen Satz.**
grau: Sie helfen und kontrollieren.

Beispiel
Mann • lieben • Frau • sehr.   *Der Mann liebt die Frau sehr.*
Sie bilden einen Satz:

- -

1   Mann • lieben • Frau • sehr

2   Die Frau liebt den Mann auch sehr.

3   Frau • schenken • Mann • Hund

4   Der Mann findet den Hund süß.

5   Hund • finden • Mann • richtig sympathisch

6   Der Mann küsst die Frau.

7   Hund • geben • Mann • Kuss

8   Die Frau lädt Freunde ein.

9   Freunde • besuchen • Frau und Mann

10 Die Frau und der Mann zeigen den Freunden den Hund.

11 Hund • gefallen • Freunden

12 Die Freunde gratulieren dem Mann und der Frau.

13 Am Abend • servieren • Frau • Gäste • Schnitzel

14 Das Schnitzel schmeckt dem Hund sehr gut.

15 Mann • möchten • Frau • Geschenk • geben

16 Der Mann kauft der Frau eine Katze.

17 Katze • gefallen • Frau • gut

18 Die Katze gefällt dem Hund nicht.

19 Katze • wehtun • Hund

20 Der Hund beißt die Katze.

21 Frau • danken • Mann

die Frau – der Mann – der Hund –
der Kuss – die Freunde (*Plural*) –
die Gäste (*Plural*) – das Schnitzel –
das Geschenk – die Katze

Arbeiten Sie mit einem Partner.
Partner A sieht Seite 54, Partner B sieht Seite 55.

rot: **Sie bilden einen Satz.**
grau: **Sie helfen und kontrollieren.**

Beispiel

Der Mann liebt die Frau sehr.

Sie sehen den korrekten Satz und kontrollieren Ihren Partner:

Das ist korrekt.

---

1. Der Mann liebt die Frau sehr.
2. Frau • lieben • Mann • auch sehr
3. Die Frau schenkt dem Mann einen Hund.
4. Mann • finden • Hund • süß
5. Der Hund findet den Mann richtig sympathisch.
6. Mann • küssen • Frau
7. Der Hund gibt dem Mann einen Kuss.
8. Frau • einladen • Freunde
9. Die Freunde besuchen die Frau und den Mann.
10. Frau und Mann • zeigen • Freunde • Hund
11. Der Hund gefällt den Freunden.
12. Freunde • gratulieren • Mann und Frau
13. Am Abend serviert die Frau den Gästen ein Schnitzel.
14. Schnitzel • schmecken • Hund • sehr gut
15. Der Mann möchte der Frau ein Geschenk geben.
16. Mann • kaufen • Frau • Katze
17. Die Katze gefällt der Frau gut.
18. Katze • gefallen • Hund • nicht
19. Die Katze tut dem Hund weh.
20. Hund • beißen • Katze
21. Die Frau dankt dem Mann.

die Frau – der Mann – der Hund –
der Kuss – die Freunde (*Plural*) –
die Gäste (*Plural*) – das Schnitzel –
das Geschenk – die Katze

	Präteritum		Präsens	
	(gestern, früher, 1979, mit 16 Jahren) 		(heute, jetzt, mit 35 Jahren) 	
	Ich war ledig. Ich hatte keine Kinder und viel Zeit.		Ich bin verheiratet. Ich habe vier Kinder und keine Zeit.	
	sein	**haben**	**sein**	**haben**
ich	war	hatte	bin	habe
du	warst	hattest	bist	hast
er, sie, es, man	war	hatte	ist	hat
wir	waren	hatten	sind	haben
ihr	wart	hattet	seid	habt
sie, Sie	waren	hatten	sind	haben

Die Verben *sein* und *haben* benutzt man in der Vergangenheit meistens im Präteritum.

1 **Tim war krank. Ergänzen Sie *sein* und *haben* im Präteritum.**

Denis: Hallo Tim, wo _____ (sein) du denn gestern?

Tim: Ich _____ (sein) zu Hause. Ich _____ (sein) krank.

Denis: Wir _____ (haben) gestern einen neuen Lehrer. Wir _____ (haben) viel Spaß.

Tim: Und _____ (haben) ihr gestern Nachmittag Sport?

Denis: Ja, wir _____ (sein) auf dem Sportplatz.

2 **Was passt zusammen? Kombinieren Sie und schreiben Sie Sätze.**

Ich Thomas Herr und Frau Müller Ihr Du Meine Schwester und ich	hatten hatte waren wart war warst	keine Zeit. müde. Probleme. im Büro. in Paris. eine Party.

3 **Ergänzen Sie *sein* und *haben* im Präteritum.**

Anna: Hallo, Marion. Wo _____ (sein) du denn am Freitag? _____ (haben) du Urlaub?

Marion: Nein, ich _____ (sein) zu Hause. Meine beiden Kinder _____ (sein) krank.

Sie _____ (haben) Fieber.

Anna: _____ (sein) ihr beim Arzt?

Marion: Ja, wir _____ (sein) beim Arzt. Und du? _____ (haben) ihr viel Arbeit im Büro?

Anna: Nein, ich _____ (haben) nicht so viel Arbeit. Der Chef _____ (sein) nicht da. Er

_____ (haben) einen Termin in Rom. Wir _____ (haben) also keinen Stress.

4 **Eine Liebesgeschichte. Präsens oder Präteritum? Streichen Sie durch.**

Früher war /~~bin~~ ich Single. Ich habe/ hatte oft eine Freundin, aber nie lange. Jetzt war/bin

ich verheiratet. Meine Frau ist /war aus Korea. In Korea ist /war sie Sekretärin. Wir sind/waren

2008 zusammen in Seoul. Wir sind / waren dann sofort gute Freunde. Heute sind /waren wir ein Paar.

Wir sind/waren jetzt glücklich!

5 **Urlaub in München. Ergänzen Sie sein oder haben im Präteritum (13x) oder Präsens (2x).**

1 Gestern ___waren___ wir in München.

2 Zum Glück _____ das Wetter schön.

3 Wir _____ überhaupt keinen Regen und wir _____ auch keinen Schirm.

4 Ich _____ bei meiner Tante.

5 Sie _____ extra einen Tag Urlaub für mich!

6 Mein Freund _____ im Museum. Er sagt, es _____ sehr interessant da.

7 Aber ich _____ gestern keine Zeit für das Museum.

8 Am Abend _____ wir wieder zusammen. Mein Freund _____ müde. Ich _____ wach.

9 Am Dienstag _____ wir wieder in Frankfurt, und heute, am Mittwoch _____ ich wieder im Büro.

10 Aber ich _____ keine Lust.

6 **Was war früher? Schreiben Sie Sätze im Präteritum.**

1 Heute habe ich vier Kinder.
2 Heute bin ich alt.
3 Heute haben wir Autos.
4 Heute sind wir reich.
5 Heute hat er ein Haus.
6 Heute haben die Kinder einen Computer.
7 Heute sind viele Leute allein.
8 Heute hast du eine Familie.
9 Heute habt ihr Geld.
10 Heute ist sie glücklich.
11 Heute habe ich keine Zeit.
12 Heute ist der Professor alt.
13 Heute hat man ein Handy.

> *1 Früher hatte ich keine Kinder.*
> *2 Früher war ich jung.*
> _____

2

7 **Waren Sie auf dem Meeting? Ergänzen Sie.**

| waren · ~~Waren~~ · hatten · hatten · hatte · war · war |

Herr Meier: Guten Morgen, Herr Müller. ___Waren___ Sie gestern auf dem Meeting?

Herr Müller: Ja, es _____ sehr interessant.

Wir _____ eine lange Diskussion.

Wo _____ Sie denn gestern?

Herr Meier: Ich _____ auf Geschäftsreise.

Ich _____ ein Meeting in London.

Die Kollegen _____ dort Probleme.

Heute bin ich alt.
Früher war ich jung.
Heute habe ich fünf Kinder.
Früher hatte ich keine Kinder.

Perfekt	**Präsens**
(vor einer Stunde, gestern, vor zwei Wochen, vor fünf Jahren) 	(jetzt, heute) 

Was hast du gestern gemacht?	Was machst du heute?
Ich habe zehn Stunden gearbeitet.	Heute arbeite ich nicht.
Dann habe ich ein Brot gegessen.	Ich esse im Restaurant.
Ich habe auch einen Tee getrunken.	Ich trinke ein Glas Rotwein.
Dann habe ich geschlafen.	Dann gehe ich tanzen.
	Heute ist mein Geburtstag!

Die meisten Verben benutzt man in der Vergangenheit mit dem Perfekt.
Das Perfekt von den meisten Verben bildet man mit *haben* + Partizip Perfekt.

	Position 2		Ende Partizip Perfekt
Was	hast	du gestern	gemacht?
Ich	habe	zehn Stunden	gearbeitet.
Dann	habe	ich ein Brot	gegessen.
	Hast	du auch Tennis	gespielt?

1 **Schreiben Sie Sätze.**

1 Er • am letzten Wochenende • hat • gearbeitet • .
2 gesehen • Ich • habe • meine Freunde lange nicht • .
3 Was • du • getrunken • hast • ?
4 ihr • Habt • gelesen • schon die Zeitung • ?
5 verstanden • die Grammatik •Sie • Haben • ?
6 Wir • gefragt • haben • ihn noch nicht • .

2a **Das war gestern. Wie heißt der Infinitiv? Schreiben Sie.**

1 Er hat ein Mineralwasser getrunken.   *trinken*

2 Er hat gestern mit Freunden Deutsch gelernt.   _____

3 Sie hat gestern die Zeitung gelesen.   _____

4 Sie haben zusammen einen Film gesehen.   _____

5 Dann haben sie im Restaurant gegessen und getrunken.   _____

2b **Und heute? Schreiben Sie die Sätze im Präsens.**

1 Heute trinkt er auch ein Mineralwasser.

3 **Schreiben Sie Antworten.**

eine Pizza • einen Kaffee • eine Zeitschrift • einen Film • das Wort

1 Was haben Sie gegessen?   *Ich habe eine Pizza gegessen.*

2 Was haben Sie getrunken?

3 Was haben Sie gelesen?

4 Was haben Sie gesehen?

5 Was haben Sie nicht verstanden?

4 **Schreiben Sie eine Geschichte im Perfekt.**

1 lesen: er • eine Anzeige in der Zeitung
2 telefonieren: er • mit der Frau
3 treffen: er • am Samstag • die Frau
4 trinken: sie (*Plural*) • in einem Café einen Cocktail
5 essen: sie (*Plural*) • viel
6 bezahlen: er • alles
7 sagen: sie • „Danke schön"
8 wiedersehen: er • sie • nicht
9 lesen: er • keine Anzeigen in der Zeitung mehr

lesen – gelesen
telefonieren – telefoniert
treffen – getroffen
trinken – getrunken
essen – gegessen
bezahlen – bezahlt
sagen – gesagt
wiedersehen –
wiedergesehen

5 **Ergänzen Sie die Verben im Perfekt.**

kennenlernen – kennengelernt
treffen – getroffen
essen – gegessen
trinken – getrunken
fragen – gefragt
schlafen – geschlafen

Liebe Marie,

wie geht es dir? Mir geht es fantastisch.

Ich _____ gestern einen tollen Mann _____.

Ich _____ ihn in der Kantine _____.

Wir _____ zusammen _____ und

dann _____ wir noch einen Kaffee _____.

Er _____ mich _____: „Was machen Sie morgen

Abend?"

Ich _____ die ganze Nacht nicht _____.

Morgen erzähle ich dir mehr!!

Alles Liebe

Larissa

Die meisten Verben bilden Perfekt mit *haben*:
ich habe gearbeitet, *ich habe gegessen*, *ich habe geschlafen*.
Nur wenige Verben bilden Perfekt mit *sein*.

Perfekt mit *sein*

Die Position wechselt.

Ich bin aufgestanden.

Ich bin zur Arbeit gegangen.

Die Situation wechselt.

Ich bin aufgewacht.

Ich bin gewachsen.

abfahren, fliegen, abfliegen, gehen, ankommen,
kommen, aufstehen, laufen, aussteigen,
mitkommen, ausziehen, schwimmen, einsteigen,
umsteigen, einziehen, umziehen, fahren,
wandern, fallen

aufwachen, einschlafen, explodieren, passieren,
sterben, werden

⚠ sein: *ich bin gewesen*
   bleiben: *ich bin geblieben*

---

1 **Besuch aus London. Perfekt mit *sein*. Ergänzen Sie.**

Vor einer Woche _____ ein Kollege aus London gekommen. Sein Flugzeug _____

um 16 Uhr gelandet und ich _____ pünktlich da gewesen. Wir _____ zusammen im Taxi

in die Firma gefahren.

Da _____ etwas passiert. Der Kollege _____ auf der Treppe gefallen. Wir _____

dann gleich mit dem Taxi weiter ins Krankenhaus gefahren. Da _____ wir drei Stunden geblieben

und wir _____ erst nach 18 Uhr zurück in die Firma gekommen. Deshalb _____ der Kollege

noch einen Tag länger hier geblieben.

2 **Urlaub in Rom. Was passt zusammen? Kombinieren Sie.**

Ich	**bin** **habe**	nach Rom geflogen. im Hotel gewohnt. Spaghetti gegessen. das Collosseum gesehen. jeden Tag früh aufgestanden. im Vatikan gewesen. eine Woche geblieben. viel Spaß gehabt. jeden Tag drei bis vier Stunden gelaufen. 20 Postkarten geschrieben. oft Taxi gefahren. viele Souvenirs gekauft.

3 **Ein Tag im Büro. Perfekt mit _sein_ oder _haben_? Ergänzen Sie.**

Letzte Woche _____ ich um 8 Uhr ins Büro gekommen und ich _____ mit der Arbeit angefangen. In

der Mittagspause _____ ich zum Essen gegangen und _____ mit Kollegen gesprochen. Am Nachmit-

tag _____ ich zu einem Kunden gefahren. Ich _____ eine Stunde dort geblieben. Dann _____ ich

bis 18 Uhr im Büro gearbeitet.

4 **Ein Drama. _Sein_ oder _haben_? Ergänzen Sie.**

Gestern _____ etwas Dramatisches passiert. Ich _____ geduscht und

gefrühstückt und dann _____ ich aus dem Haus gegangen. Vor der Tür

_____ ich gesehen: Ich _____ meinen Schlüssel im Haus vergessen!

Aber das Fenster im Bad war ein bisschen offen! Also _____ ich durch

das Badfenster ins Haus gestiegen. In dem Moment _____ ein

Polizeiauto gekommen. Die Polizisten _____ mich im Fenster gesehen.

Ich _____ lange mit den Polizisten gesprochen und die Situation erklärt.

Ein Polizist _____ dann die Tür geöffnet und ich _____ meinen Schlüssel

geholt und _____ schnell zur Arbeit gefahren. Aber natürlich _____ ich zu

spät gewesen.

5 **Ankunft auf Hawaii. Schreiben Sie Sätze im Perfekt.**

1 machen: letztes Jahr • wir • drei Wochen Urlaub • auf Hawaii • .
2 starten: das Flugzeug • um 8 Uhr • in Frankfurt • .
3 ankommen: wir • um 15 Uhr • in Hawaii • .
4 fahren: wir • gleich • ins Hotel • .
5 auspacken: wir • unsere Koffer • .
6 gehen: ins Bett • wir • dann • .
7 aufwachen: wir • nach vier Stunden • .
8 besichtigen: wir • dann • die Stadt • .
9 essen: in einem schönen Restaurant • wir • .

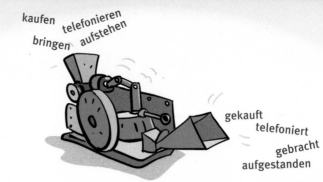

	regelmäßige Verben: Ende -t		unregelmäßige Verben: Ende -en	
„normale Verben"		ge___t		ge ⚠ en
	kaufen	gekauft	stehen	gestanden
trennbare Verben		__ge___t		__ge ⚠ __en
	einkaufen	eingekauft	aufstehen	aufgestanden
untrennbare Verben		_____t		⚠ __en
	verkaufen	verkauft	verstehen	verstanden
Verben mit *-ieren*		_____iert		
	telefonieren	telefoniert		

Immer untrennbar: *be-, emp-, ent-, er-, ge-, ver-, zer-*

Die unregelmäßigen Verben haben im Partizip Perfekt oft einen anderen Vokal:
nehmen – genommen, gehen – gegangen, schreiben – geschrieben.
Einige Verben haben *-t* am Ende und wechseln den Vokal:
denken – gedacht, bringen – gebracht, kennen – gekannt, wissen – gewusst.

1 **Wie heißt der Infinitiv? Schreiben Sie.**

1 abgeholt – *abholen*

2 angekommen – _____

3 angefangen – _____

4 ausgestiegen – _____

5 bekommen – _____

6 gedacht – _____

7 eingeladen – _____

8 empfohlen – _____

9 gegessen – _____

10 geflogen – _____

11 gefallen – _____

12 gewonnen – _____

13 gekannt – _____

14 gelaufen – _____

15 mitgebracht – _____

16 genommen – _____

17 geschlafen – _____

18 geschwommen – _____

19 getrunken – _____

20 gesehen – _____

21 verloren – _____

2 **„Normal", trennbar oder untrennbar? Ergänzen Sie den Beginn von den Partizipien.**

1 anrufen – *ange*rufen

2 einsteigen – ____stiegen

3 antworten – ____antwortet

4 aufmachen – ____macht

5 bringen – ____bracht

6 entschuldigen – ____schuldigt

7 versuchen – ____sucht

8 waschen – ____waschen

9 geben – ____geben

10 bestellen – ____stellt

11 erzählen – ____zählt

12 umziehen – ____zogen

3 **Ergänzen Sie das Partizip Perfekt.**

Letztes Jahr habe ich in Heidelberg _____ (studieren).

Im Sommer bin ich mit drei Freunden im Auto nach

München gefahren. Unterwegs ist etwas _____ (explodieren).

Der Reifen war kaputt! Wir haben _____ (diskutieren),

was wir jetzt machen. Ein Freund hat dann _____ (probieren)

den Reifen zu wechseln. Und er hat wirklich das Auto _____ (reparieren)!

Wir haben ihm _____ (gratulieren) und sind gut in München angekommen.

4 **Schreiben Sie das Partizip Perfekt in die Tabelle.**

> ~~besuchen~~ • kommen • abfliegen • fernsehen • ausmachen • arbeiten •
> beginnen • diskutieren • fahren • fragen • anklicken • vergessen

ge............t	.....ge.........t	................t	ge............en	.....ge.........en	...............en
		besucht			
_____	_____	_____	_____	_____	_____
_____	_____	_____	_____	_____	_____

5 **Meine Reise nach China. Ergänzen Sie das Partizip Perfekt.**

2010 habe ich eine Reise nach China _____ (machen).

Ich habe an einer Gruppenreise _____ (teilnehmen).

Wir sind elf Stunden nach Peking _____ (fliegen).

Wir haben im Flugzeug schlecht _____ (schlafen)

und sind morgens um 7 Uhr _____ (ankommen).

Wir waren total kaputt!

Dann sind wir mit dem Bus ins Hotel _____ (fahren)

und haben unsere Koffer _____ (auspacken). Aber

eine Stunde später sind wir schon wieder _____

(losfahren) und haben den Kaiserpalast _____

(besichtigen). Er ist sehr groß und wunderschön. Wir sind zwei

Stunden durch den Palast _____ (laufen). Dann haben

wir Pause _____ (machen) und zu Mittag _____ (essen).

Aber danach sind wir auf den Tian-an-men-Platz _____ (gehen) und haben Mao _____

(ansehen). Vor dem Mausoleum haben wir 30 Minuten _____ (warten). In der Nähe haben wir ein

paar Souvenirs _____ (einkaufen) und haben typisch chinesische Peking-Ente _____

(probieren). Sehr lecker!

Nach dem Abendessen haben wir dann noch eine Peking-Oper _____ (besuchen) und ich bin fast

_____ (einschlafen). Ich weiß nicht mehr, wie ich ins Hotel _____ (zurückkommen) bin.

Ich war todmüde, aber Peking ist toll!

Präteritum (gestern, früher, 1979, mit 16 Jahren)	Präsens (heute, jetzt, mit 35 Jahren)
Ich war ledig und hatte keine Kinder und viel Zeit.	Ich bin verheiratet, ich habe vier Kinder und habe keine Zeit.
Ich musste nie kochen.	Ich muss jeden Tag kochen.
Ich konnte jeden Tag ins Kino gehen.	Ich kann nicht oft ins Kino gehen.
Ich durfte keinen Alkohol trinken.	Ich darf keine Schokolade essen. (Ich bin dick!)
Ich wollte keine Kinder.	Ich möchte noch ein Kind.
Ich wollte nie Mutter sein.	Ich will eine gute Mutter sein.
Ich sollte viel lernen (hat mein Vater gesagt).	Ich soll viel Sport machen (sagt mein Arzt).

	können	müssen	dürfen	wollen	sollen	Endung
ich	konnte	musste	durfte	wollte	sollte	-te
du	konntest	musstest	durftest	wolltest	solltest	-test
er, sie, es, man	konnte	musste	durfte	wollte	sollte	-te
wir	konnten	mussten	durften	wollten	sollten	-ten
ihr	konntet	musstet	durftet	wolltet	solltet	-tet
sie, Sie	konnten	mussten	durften	wollten	sollten	-ten

⚠ Es gibt kein Präteritum von *möchten*: *Heute möchte ich einen Wein. Gestern wollte ich ein Bier.*

---

1 **Meine Kindheit. Ergänzen Sie.**

Gerda: Hattest du eine schöne Kindheit?

Ilse: Ja, sehr. Ich _____ (*müssen*) nie im Haushalt helfen und _____ (*dürfen*) so viel Eis

essen, wie ich _____ (*wollen*). Und du, _____ (*müssen*) du im Haushalt helfen?

Gerda: Ja, aber ich _____ (*dürfen*) auch oft machen, was ich _____ (*wollen*).

_____ (*müssen*) du viel für die Schule lernen?

Ilse: Ja, ich _____ (*sollen*) studieren, also _____ (*sollen*) ich viel lernen. Mein Vater

_____ (*wollen*) früher studieren, aber er _____ (*dürfen*) nicht, weil seine Eltern nicht

genug Geld hatten. Also _____ (*wollen*) mein Vater, dass ich studiere. Aber ich _____

(*wollen*) immer spielen oder ins Schwimmbad gehen.

Gerda: Wann _____ (*können*) du schwimmen?

Ilse: Ich _____ (*können*) erst mit sechs Jahren schwimmen, aber meine kleine Schwester

_____ (*können*) schon mit drei Jahren schwimmen. Wir _____ (*wollen*) jeden Tag ins

Schwimmbad gehen, aber wir _____ (*dürfen*) nur einmal pro Woche gehen.

2 **Sprachenlernen für den Job. Welches Modalverb ist richtig?**
Schreiben Sie in der richtigen Form.

Letztes Jahr _____ (*können/wollen*) ich in der Exportabteilung arbeiten, aber ich _____

(*dürfen/müssen*) nicht, weil ich kein Französisch _____ (*wollen/können*). Wir arbeiten nämlich

mit Frankreich zusammen. Deshalb _____ (*müssen/können*) ich Französisch lernen.

Zuerst musste ich zwei Mal pro Woche in der Firma lernen. Nach zwei Monaten _____ (*dürfen/*

können) ich noch nicht viel Französisch. Also _____ (*können/müssen*) ich einen Sprachkurs in

Frankreich machen. Ich musste zwei Wochen Urlaub nehmen, dann _____ (*wollen/können*) ich

nach Paris fahren.

Im Sprachkurs _____ (*dürfen/müssen*) ich jeden Tag Hausaufgaben machen. Ich _____

(*müssen/wollen*) gern alle Sehenswürdigkeiten in und um Paris besichtigen, aber das _____

(*können/müssen*) ich nicht, weil ich nicht genug Zeit hatte.

Nach zwei Wochen _____ (*dürfen/können*) ich viel sprechen und verstehen und ich

_____ (*dürfen/müssen*) dann auch in der Exportabteilung arbeiten.

3 **Heinrich und sein Freund. Ergänzen Sie im Präteritum mit dem Gegenteil.**

1 *Heinrichs Freund sagt:* Jetzt, mit 65, **musst** du nicht mehr arbeiten.

Aber noch vor drei Monaten _*musstest du arbeiten.*_____

2 Du **kannst** jetzt jeden Tag lang schlafen.

Aber früher _____.

3 *Heinrich sagt:* Meine jüngste Enkelin **kann** jetzt, mit sechs, schon lesen.

Aber letztes Jahr, mit fünf Jahren, _____.

4 Jetzt ist meine älteste Enkelin schon 21 und **kann** Auto fahren.

Aber vor drei Jahren _____.

5 Und mein Enkel **darf** jetzt, mit 18 Jahren, heiraten.

Letztes Jahr _____.

6 *Heinrich sagt:* Heute **möchte** ich gar nicht mehr rauchen.

Aber früher _____.

7 Und seit 2007 **dürfen** die Gäste im Restaurant nicht mehr rauchen.

Aber bis 2006 _____.

8 *Heinrichs Freund sagt:* Jetzt, mit 65, **willst** du viel Schokolade essen.

Und früher _____.

Heute möchte ich einen Wein,
gestern wollte ich ein Bier.

	Vergangenheit (gestern, letztes Jahr, 1979)		Gegenwart und Zukunft* (jetzt, heute, morgen, im nächsten Jahr)
Infinitiv	**Präteritum**	**Perfekt**	**Präsens**
arbeiten	ich arbeitete	ich habe gearbeitet	ich arbeite
fahren	ich fuhr	ich bin gefahren	ich fahre
sein	ich war	ich bin gewesen	ich bin
haben	ich hatte	ich habe gehabt	ich habe
müssen	ich musste	ich habe (machen) müssen	ich muss
können	ich konnte	ich habe (machen) können	ich kann
wollen	ich wollte	ich habe (machen) wollen	ich will
dürfen	ich durfte	ich habe (machen) dürfen	ich darf
sollen	ich sollte	ich habe (machen) sollen	ich soll

(Fast) alle Verben benutzt man in der Vergangenheit im Perfekt.
Die Hilfsverben *sein* und *haben* und die Modalverben spricht man in der Vergangenheit im Präteritum.
Auch in E-Mails und Briefen benutzt man das Perfekt.
Die Verben *geben*, *wissen* und *brauchen* benutzt man oft im Präteritum: *es gab*, *wir brauchten*, *ich wusste*.

* Für die Zukunft benutzt man meistens das Präsens.

1 **Meine Kindheit. Welche Zeit steht in den Sätzen? Präsens, Perfekt oder Präteritum? Schreiben Sie.**

Ich habe zwei Geschwister.	*Präsens*
Ich war nie im Kindergarten.	
Ich hatte oft Streit mit meiner großen Schwester.	
Ich bin gerne in die Schule gegangen,	
denn da war es nicht so langweilig wie zu Hause.	
Mit sieben Jahren konnte ich lesen und schreiben	
und von da an habe ich immer viel gelesen.	
Ich habe auch mit meinen Freunden gespielt,	
aber ich habe nicht so gerne Sport gemacht.	
Ich wollte Journalistin werden,	
aber nach Meinung meines Vaters sollte ich Apothekerin werden.	
Heute bin ich Lehrerin.	

2 Umzug. Präteritum oder Perfekt? Ergänzen Sie die Verben.

Gestern _____ ich bei meinen Freunden (*sein*).

Ich _____ ihnen beim Umzug helfen (*wollen*).

Vorher _____ sie ein kleines Haus (*haben*).

Letzten Monat _____ sie ein großes Haus

_____ (*kaufen*). Wir _____ viele

Möbel tragen (*müssen*). Am Abend _____ wir fertig (*sein*).

Dann _____ wir zusammen _____ (*essen*) und _____ (*trinken*).

Um 22 Uhr _____ ich nach Hause _____ (*fahren*). Ich _____

todmüde (*sein*). Ich _____ gleich _____ (*schlafen*).

3 Ein freier Tag. Schreiben Sie den Text in der Vergangenheit.

Heute bin ich glücklich. Ich muss nicht arbeiten. Ich habe Zeit und ich kann machen, was ich will.
Ich rufe meine Freundin an. Sie besucht mich.
Dann kaufen wir zusammen ein. Danach machen wir einen Spaziergang am Main und essen in
einem schönen Restaurant. Am Abend sehen wir uns noch einen Film im Kino an.
Im Bett lese ich noch ein bisschen, dann schlafe ich.

Gestern _____

_____

4 Ein Urlaub dieses Jahr und letztes Jahr. Ergänzen Sie.

Vergangenheit: Präteritum oder Perfekt	Gegenwart: Präsens
Letztes Jahr _____ _____	Dieses Jahr möchten wir im Urlaub nach Kanada fahren.
Wir sind nach Toronto geflogen und zwei Wochen da geblieben.	Wir _____ _____
Wir _____ _____	Wir haben Glück, denn wir haben Freunde in Toronto.
Wir _____ _____	Wir können bei ihnen übernachten und müssen kein Hotel bezahlen.
Deshalb konnten wir dann noch eine Woche Urlaub in New York machen.	Deshalb _____ _____
Dort _____ _____	Dort besichtigen wir viele Museen und gehen abends aus.
Mein Mann war gerne in Kneipen und mir haben die Museen Spaß gemacht.	Mein Mann_____ _____
Und _____	Und ich kaufe in New York natürlich ein!
Wir _____ _____	Wir kommen am Samstag zurück und leider muss ich am Montag wieder arbeiten.

Sie wäscht sich.
Reflexive (und reziproke) Verben

Reflexivpronomen	
ich wasche	mich
du wäschst	dich
er, sie, es, man wäscht	sich
wir waschen	uns
ihr wascht	euch
sie, Sie waschen	sich

Sie wäscht sich.   *Sie wäscht es (das Baby).*

Die 3. Person hat eine besondere Form: *sich*. Die anderen Reflexivpronomen sind wie das Akkusativpronomen.

Er rasiert sich.

Sie schminkt sich.

ebenso: *sich waschen, sich anziehen, (sich) duschen, sich anmelden, sich vorstellen ...*

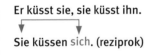

Er küsst sie, sie küsst ihn.
Sie küssen sich. (reziprok)

ebenso: *sich kennenlernen, sich verlieben, sich küssen ...*

Bei manchen Verben haben die Reflexivpronomen wenig/keine Bedeutung,
z. B. *sich interessieren, sich ärgern, sich freuen, sich langweilen ...*

Die reflexiven Verben bilden das Perfekt mit *haben*.
Im Nebensatz bleibt das Reflexivpronomen beim Subjekt: *Er kommt nicht, weil er sich heute geärgert hat.*

---

1 **Ergänzen Sie die Reflexivpronomen.**

1 ● Wann treffen wir _____?

    ■ Ich muss _____ noch umziehen, es dauert vielleicht noch eine halbe Stunde.

    ● Gut, dann beeil _____, ich freue _____ schon auf die Party.

2 ● Warum kommt Hannes nicht?

    ■ Er hat _____ verletzt und muss _____ jetzt erst einmal ausruhen.

    ● Schade, wir haben _____ schon so auf ihn gefreut.

    ■ Ja, er hat _____ auch sehr geärgert, aber da kann man nichts machen.

2 Ergänzen Sie die Reflexivpronomen.

1 ● Guten Tag, wir möchten _____ vorstellen: Mein Name ist Khedira und das ist meine Frau.

   ■ Guten Tag, herzlich willkommen im Kurs. Haben Sie _____ schon im Sekretariat angemeldet?

2 ● Könnt ihr _____ noch an Luisa erinnern?

   ■ Ja, natürlich, ich bin auch noch in Kontakt mit ihr. Wir schreiben _____ regelmäßig Mails.

   ● Oh, das ist gut. Wenn ihr _____ mal treffen wollt, dann sag mir Bescheid. Ich komme auch gerne.

   ■ Ja, gerne. Luisa freut _____ bestimmt auch.

3 Akkusativpronomen oder Reflexivpronomen? Ergänzen Sie.

1 Ich wasche das Baby. Ich wasche _____. Dann wasche ich _____ selbst.

2 Du setzt deinen Sohn auf den Stuhl. Du setzt _____ auf den Stuhl. Dann setzt du _____ selbst.

3 Sie kämmt ihre Tochter. Sie kämmt _____. Dann kämmt sie _____ selbst.

4 Er stellt seine Frau vor. Er stellt _____ vor. Dann stellt er _____ selbst vor.

5 Das Mädchen meldet seine Freundin an. Es meldet _____ an. Dann meldet es _____ selbst an.

6 Wir fotografieren die Kinder. Wir fotografieren _____. Dann fotografieren wir _____ selbst.

7 Sie ziehen ihre Kinder an. Sie ziehen _____ an. Dann ziehen sie _____ selbst an.

4 Schreiben Sie Sätze.
1 Er ist noch im Bad, weil • will • er • rasieren • sich • .
2 Sie steht vor dem Spiegel, weil • schminkt • sie • sich • .
3 Ich glaube nicht, dass • die Kinder • haben • sich • im Garten • versteckt • .
4 Ich kann nicht kommen, weil • mich • ich • muss • anmelden • .
5 Was macht ihr, wenn • geärgert habt • euch • ihr • bei der Arbeit • ?

5 Reflexiv oder nicht reflexiv? Ergänzen Sie *sich* oder „ – " .

1 Er interessiert _____ sehr für Politik, aber er möchte _____ nicht Politiker werden.

2 ● Hast du schon gehört, Till und Mathilde haben _____ geheiratet.

   ■ Ja, sie waren sehr schnell, sie haben _____ vor zwei Monaten kennengelernt, dann haben

   sie _____ vor einem Monat verliebt und jetzt wollen sie _____ heiraten.

3 ● Frau Westhoff ist berufstätig. Wer kümmert _____ um ihre Kinder, wenn sie arbeitet?

   ■ Ihre Nachbarin hat auch ein Kind und betreut _____ auch die Kinder von Frau Westhoff.

6 Schreiben Sie die Sätze im Perfekt.

1 Jutta freut sich auf das Wochenende. _____

2 Sie erinnert sich an ein Restaurant. _____

3 Sie zieht sich schick an. _____

4 Sie trifft sich mit Paolo. _____

5 Aber Paolo und Jutta ärgern sich über das schlechte Essen. _____

6 Sie beschweren sich beim Kellner. _____

7 Der Kellner entschuldigt sich und bringt ihnen ein Glas Sekt. _____

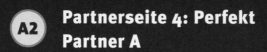

Spielen Sie mit einem Partner.
Sie würfeln und gehen vom „Start" links unten zum „Ziel" auf der nächsten Seite rechts oben.
Sie gehen nur auf die blauen Verben. Das Verb, auf das Sie kommen, sagen Sie im Perfekt (zum Beispiel:
kommen: er ist gekommen). **Ihr Partner kann die Lösung sehen. Dann würfelt Ihr Partner. Sie sehen die**
Lösung für Ihren Partner.

Er ...

1 hat geholt
2 hat gewohnt
3 ist gegangen
4 hat getroffen
5 hat gearbeitet
6 ist abgefahren
7 hat bestellt
8 ist gekommen
9 ist aufgewacht
10 ist passiert
11 hat geöffnet
12 hat eingeladen
13 ist eingestiegen
14 ist/hat ausgezogen
15 ist geflogen
16 hat bekommen
17 hat empfohlen
18 hat gewaschen
19 hat geduscht
20 ist geblieben
21 hat ferngesehen
22 hat teilgenommen
23 hat erklärt
24 hat getrunken
25 hat vergessen
26 hat gesprochen
27 hat geholfen
28 hat ausgepackt
29 hat gehabt
30 hat gekannt
31 hat gewusst

6 anfangen / sprechen 26	vergessen 25	7 besuchen / trinken 24
5 fragen / helfen 27		8 schwimmen / erklären 23
4 sehen / auspacken 28		9 einschlafen / teilnehmen 22
3 laufen / haben 29		10 sterben / fernsehen 21
2 essen / kennen 30		frühstücken 11 / bleiben 20
1 kaufen / wissen 31		
ZIEL / START		

Spielen Sie mit einem Partner/einer Partnerin.

Sie würfeln und gehen vom „Start" links unten zum „Ziel" auf der nächsten Seite rechts oben.

Sie gehen nur auf die grünen Verben. Das Verb, auf das Sie kommen, sagen Sie im Perfekt (zum Beispiel: *kommen: er ist gekommen*). Ihr Partner kann die Lösung sehen. Dann würfelt Ihr Partner. Sie sehen die Lösung für Ihren Partner.

Er ...

1 hat gekauft
2 hat gegessen
3 ist gelaufen
4 hat gesehen
5 hat gefragt
6 hat angefangen
7 hat besucht
8 ist geschwommen
9 ist eingeschlafen
10 ist gestorben
11 hat gefrühstückt
12 ist aufgestanden
13 ist eingezogen
14 ist ausgestiegen
15 ist gefallen
16 hat begonnen
17 hat gewonnen
18 hat gegeben
19 hat gemacht
20 ist gewesen
21 ist angekommen
22 hat verloren
23 hat versucht
24 hat genommen
25 hat entschuldigt
26 hat probiert
27 ist gewandert
28 hat ausgemacht
29 hat besichtigt
30 hat gedacht
31 hat mitgebracht

Spielplan

- 26 probieren
- 5 arbeiten
- 27 wandern
- 4 treffen
- 28 ausmachen
- 3 gehen
- 29 besichtigen
- 2 wohnen
- 30 denken
- 1 holen
- 31 mitbringen
- ZIEL
- START

Obere Mitte:
- 6 abfahren
- 25

Mittlere Spalte:
- 7 entschuldigen
- bestellen
- 24 nehmen
- 8 kommen
- 23 versuchen
- 9 aufwachen
- 22 verlieren
- 10 passieren
- 21 ankommen
- 11 öffnen
- 20 sein
- 12 einladen
- 19 machen

Rechte Spalte:
- 19 aufstehen
- 12 duschen
- 13 einziehen
- 18 waschen
- 14 aussteigen
- 17 empfehlen
- 15 fallen
- 16 bekommen
- 16 beginnen
- 15 fliegen
- 17 gewinnen
- 14 ausziehen
- geben
- 13 einsteigen
- 18

keine Präposition   Jahreszahlen: 1992, 2009

im   Jahreszeiten: im Sommer, im Winter
            Monate: im Januar, im Februar

am   Tage: am Montag, am Mittwoch, am Wochenende
            Tageszeiten: am Morgen, am Vormittag, ⚠ in der Nacht
            Daten: am 12.5.

um   Uhrzeiten: um 9.00 Uhr, um Mitternacht

● *Wann haben Sie Zeit?*
■ *2012 im Frühling*
  am 12. Mai
  um 9.15 Uhr.

→▮ bis
Ende
Ich bleibe bis morgen.

von/ab ▮→
Beginn
Ab morgen rauche ich nicht mehr.

→▮ zwischen ▮←
Zwischen 5 und 7 bin ich nicht zu Hause.

vor ▮ nach
Vor meiner Party muss ich einkaufen.
Nach der Party muss ich aufräumen.

seit ►—▮
Beginn in der Vergangenheit, heute noch
Ich bin seit drei Monaten in Deutschland.

von ▮——▮ bis
Tage, Monate und Tageszeiten (ohne Artikel), Jahreszahlen, Uhrzeiten
Von Montag bis Freitag habe ich von 9 bis 11 Uhr Deutschkurs.

vom ▮——▮ bis zum
Daten, Tageszeiten (mit Artikel)
Ich habe vom 3.4. bis zum 15.4. Urlaub.

---

1 **Ergänzen Sie *im*, *am*, *um*, – (keine Präposition).**

_____ April _____ 8.3. _____ Nachmittag _____ 1999 _____ 12.30 Uhr _____ Winter

_____ Mai _____ Mittwoch _____ Mitternacht _____ Abend _____ Wochenende

2 **Johannes erzählt über die Schule. Ergänzen Sie die Präpositionen.**

Der Unterricht beginnt in meiner Schule schon _____ 7.00 Uhr.

_____ 10.10 Uhr _____ 10.30 Uhr ist die erste Pause. _____ Montag gehe ich

_____ 13.20 Uhr nach Hause. Meine Hausaufgaben mache ich _____ Abend.

_____ dem Mittagessen treffe ich meine Freunde und _____ Dienstag und _____

Donnerstag habe ich Musikunterricht. _____ Wochenende habe ich frei!

Und _____ der Nacht schlafe ich oder ich lese heimlich.

Meistens fahren wir _____ Juli in Urlaub. Dieses Jahr _____ 7. Juli _____

3. August. _____ Winter fahren wir Ski.

3 **Antworten Sie.**

1 Wann ist es kalt? _Im Winter, im Januar._

2 Wann ist es dunkel? _____

3 Wann gehen Sie heute nach Hause? _____

4 Wann arbeiten Sie nicht? _____

5 Wann essen Sie abends? _____

6 Bis wann schlafen Sie am Sonntag? _____

7 Wann telefonieren Sie gern? _____

8 Wann gehen Sie gerne spazieren? _____

9 Wann machen Sie Urlaub? _____

4 **Frau Bretzke erzählt über ihre Arbeit. Ergänzen Sie die Präpositionen.**

In unserer Firma haben wir Gleitzeit. Das bedeutet, man kann _____ 7.30 und 9.30 Uhr beginnen.

Ich fange meistens erst _____ 9.30 Uhr an, weil ich _____ der Arbeit meine Tochter in den

Kindergarten bringe.

Frühestens _____ 16 Uhr kann man nach Hause gehen, denn

die Arbeitszeit ist _____ Montag _____ Donnerstag

acht Stunden pro Tag, _____ Freitag sieben Stunden.

2011, im Mai, habe ich am
12. um zehn Uhr einen Termin.

Normalerweise machen wir eine halbe Stunde Mittagspause, aber _____ Meetings machen wir oft ein

bisschen länger Pause. _____ Herbst ist _____ 3.10. frei und _____ Winter arbeiten wir _____

24.,25. und 26.12. nicht.

5 **Eine Krankenschwester erzählt. Welche Präposition ist richtig? Markieren Sie.**

Ich bin ~~vor~~ / ~~nach~~ / seit / ~~in~~ 15 Jahren Krankenschwester. Ich helfe Frauen, wenn sie Kinder bekommen. Die

meisten Kinder kommen im / an / um / seit Juli und August auf die Welt, die wenigsten in / an / um / im

Winter. Viele Frauen bekommen um / auf / an / in der Nacht oder in / am / um / – frühen Vormittag ihre Kinder.

Einmal sind Zwillinge um / am / – / im 31.12. auf die Welt gekommen: Ein Baby genau um / in / am / –

Mitternacht, das andere um / in / am / – 0.08 Uhr. Ein Zwilling ist jetzt also um / – / am / im 2008 geboren, der

andere um / im / – / am nächsten Jahr!

6 **Ergänzen Sie _vor_, _nach_, _bis_, _seit_ oder _ab_.**

Lieber Dirk,

gestern habe ich geheiratet! Ich kenne Luisa schon _____ 18 Monaten und _____ letzten Monat wollte

ich nicht heiraten. Doch _____ vier Wochen will ich unbedingt heiraten, denn jetzt bekommen wir ein

Baby und ich möchte ein richtiger Vater sein.

Am Morgen _____ unserer Hochzeit waren wir total nervös. Aber _____ dem Ja-Wort waren wir nur noch

glücklich. Wir waren mit unseren Familien und Freunden in einem guten Restaurant essen und sind

_____ zum Abend geblieben.

Und _____ übermorgen sind wir auf Hochzeitsreise in Venedig! Wünsch mir Glück!

Dein Helmut

aus		Er geht um acht Uhr aus dem Haus.
		Ich habe kein Glas. Kannst du aus der Flasche trinken?
		Der Stuhl ist aus Metall. (Material)
bei		Ich bin heute bei Lisa. (Personen)
		Er arbeitet bei Siemens. (Firma)
		Augsburg liegt bei München. (Nähe)
mit		Ich fahre mit meinem Freund in den Urlaub. (Partner)
		Wir fahren mit dem Bus. (Verkehrsmittel)
		Ich schreibe mit dem Bleistift. (Instrument)
nach		Er fährt nach Deutschland, erst nach Hamburg, dann nach Frankfurt.
		(lokal: wohin? Städte und Länder ohne Artikel)
		Wie spät ist es? – Es ist fünf nach zwei. (temporal)
		Nach dem Essen kann ich nicht gut arbeiten.
seit		Seit einem Jahr wohne ich in Berlin.
		(temporal: Beginn in der Vergangenheit, heute noch)
von		Ich komme gerade vom Zahnarzt. (lokal: woher?)
		Die Schwester von meiner Freundin ist schon verheiratet. (Genitiv)
		Der Flughafen liegt südlich von Frankfurt.
zu		Wie komme ich zum Bahnhof? (lokal: wohin?)
		Heute fahren wir zu meinen Eltern.
		Zum Frühstück esse ich immer ein Ei. (temporal)

Die Präpositionen *aus*, *bei*, *mit*, *nach*, *seit*, *von*, *zu* haben immer den Dativ.

bei + *dem* = *beim*   *zu* + *dem* = *zum*
von + *dem* = *vom*   *zu* + *der* = *zur*

---

1 **Ergänzen Sie.**

> aus dem · bei · mit dem · nach · seit · von · zum

● Wie ist Ihr Weg zur Arbeit? Wann gehen Sie morgens _____ Haus?

■ Meistens um Viertel _____ sieben. Ich gehe dann _____ Bahnhof und fahre _____

Zug. Meine Firma liegt südlich _____ Köln, _____ Bonn.

● Sie brauchen wahrscheinlich lange zur Arbeit.

■ Ja, aber das macht mir nichts. Das mache ich schon _____ fünf Jahren. Ich möchte nicht umziehen.

2 *Bei* **oder** *mit***? Ergänzen Sie.**

● Fahren Sie _____ dem Auto zur Arbeit?   ■ Nein, _____ dem Zug.

● Fahren Sie alleine?   ■ Nein, meistens fahre ich _____ meinem Nachbarn zusammen.

Er arbeitet auch _____ der DH-Bank.

3 Ergänzen Sie die Präpositionen.

1 der Bäcker

Ich gehe jetzt _zum_ Bäcker.

Ich bin gerade b_____ Bäcker.

Ich komme gerade v_____ Bäcker.

2 das Stadion

Wir gehen jetzt z_____ Stadion.

Wir kommen v_____ Stadion.

3 die Nachbarin

Ich gehe jetzt z_____ Nachbarin.

Ich bin gerade b_____ Nachbarin.

Ich komme v_____ Nachbarin.

4 die Freunde (Plural)

Wir gehen jetzt z_____ Freunden.

Wir sind gerade b_____ Freunden.

4 *Nach* oder *zu*? Ergänzen Sie Präpositionen und die Artikel (wenn nötig).

1 ● Wann Sind Sie _____ Deutschland gekommen? ■ Vor drei Jahren.

2 Ich muss _____ Berlin fahren. Wie komme ich _____ Bahnhof?

3 Mein Zahn tut weh, ich muss _____ Zahnarzt. Ich habe einen Termin für Viertel _____ drei bekommen.

5 *Seit*, *nach* oder *zum*? Ergänzen Sie.

● Was gibt es denn heute _____ Essen?

■ Kartoffelsalat mit Würstchen.

● Prima, das habe ich schon _____ Monaten nicht gegessen.

■ Ich hoffe, es schmeckt dir.

● Ja, sehr gut. Sag mal, was machen wir _____ dem Essen? Sollen wir spazieren gehen?

aus, bei, mit, nach, seit, von, zu
brauchen Dativ, das weißt du!

6 Ergänzen Sie die Präpositionen.

Liebe Ela,

viele Grüße _____ dem Schwarzwald! Wir sind schon _____ zwei Wochen hier. Das Wetter ist toll und wir haben jeden Tag _____ unseren Freunden lange Wanderungen gemacht. Morgen wollen wir _____ Freiburg _____ meiner Tante fahren. Freiburg ist nicht weit _____ hier, es liegt ungefähr 70 Kilometer südwestlich _____ Königsfeld. Aber ohne Auto braucht man lange. Wir müssen erst _____ dem Bus und dann _____ dem Zug fahren. Die Fahrt dauert mehr als zwei Stunden. In Freiburg können wir _____ meiner Tante übernachten. Wir bleiben wahrscheinlich ein paar Tage und wollen _____ meiner Tante die Stadt besichtigen und gemütlich shoppen gehen. Vielleicht kannst du auch _____ Freiburg kommen? _____ Basel ist es doch nicht so weit und wir haben uns _____ zwei Jahren nicht mehr gesehen.

Liebe Grüße

Hannah

durch		Luki springt durch **das Fenster.**
um		Sie geht um **den Tisch.**
gegen		Sie springt gegen **den Tisch.**
ohne		Sie muss ohne **Fisch gehen.** ⚠ *ohne* benutzt man meistens ohne Artikel.
für		„Der Fisch ist für **dich!"**

Die Präpositionen *für, um, durch, ohne, gegen* (FUDOG) haben immer den Akkusativ.

---

1 **Ergänzen Sie die Präpositionen.**

> für • um • durch • ohne • gegen

1 Sie trägt eine Kette _____ den Hals.

2 Das Auto fährt _____ den Tunnel.

3 Das Geschenk ist _____ dich.

4 Bitte, einen Kaffee _____ Zucker.

5 Deutschland spielt _____ Brasilien.

2 *Um, gegen* oder *durch*? Ergänzen Sie.

1 Das Auto fährt _____ den Baum.

2 Das Auto fährt _____ den Baum.

3 Sie fahren _____ die Stadt.

4 Sie fahren _____ die Stadt.

3 **Ergänzen Sie die Präpositionen und die Artikel.**

| ohne • für • um • gegen • durch |

das Schild
der Park
der See
der Bruder
die Kinder (Plural)

1 Pass auf, sonst läufst du _____ d_____ Schild.

2 Komm, wir gehen _____ d_____ Park, das ist kürzer.

3 Gestern haben wir einen schönen Spaziergang _____ d_____ See gemacht.

4 Die Krawatte ist _____ mein___ Bruder.

5 Sie gehen selten _____ ihr___ Kinder aus, meistens nehmen sie ihre Kinder mit.

4 **Was passt? Kreuzen Sie an.**

1 Ich brauche ein Abendkleid *ohne* / *für* / *um* die Hochzeit von meiner Freundin.

2 Hast du ein Medikament *durch* / *ohne* / *gegen* Kopfschmerzen?

3 Die Bäckerei ist nicht weit, sie liegt gleich *gegen* / *um* / *durch* die Ecke.

4 Wir sind *für* / *gegen* / *durch* viele Geschäfte gelaufen und haben keine schönen Schuhe gefunden.

5 **Dativ oder Akkusativ? Ergänzen Sie die Artikel oder Pronomen.**

Liebe Annkathrin,

weißt du, dass Sibel und Patrick heiraten? Hast du schon ein Geschenk für _____?
Ich suche schon seit ein___ Woche. Heute bin ich mit mein___ Schwester nach
Frankfurt gefahren und habe ein Geschenk gesucht. Wir sind durch d_____ ganze Stadt
gelaufen. Aber es war schwierig. Erst sind wir zu d_____ großen Kaufhäusern gegangen,
aber wir haben nichts gefunden. Im dritten Kaufhaus hatte Karin Pech. Sie hat nicht
aufgepasst und hat die Tür gegen d_____ Kopf bekommen. Ihr war ganz schwindlig.
Deshalb sind wir zu ein___ Freundin gegangen und haben bei _____ zuerst Kaffee
getrunken. Die Freundin hatte eine gute Idee. Sie kennt ein Schmuckgeschäft bei ihr
um d_____ Ecke. Wir haben eine wunderschöne Kette für d_____ Braut und eine
Krawattennadel für d_____ Bräutigam gekauft.

Sehen wir uns auf der Hochzeit?

Liebe Grüße
Anna

die Woche
die Schwester
die Stadt
die Kaufhäuser (Pl)
der Kopf
die Freundin
die Ecke
die Braut
der Bräutigam

Präpositionen immer mit Akkusativ:
für, um, durch, ohne, gegen = FUDOG

im	Im Mund hat sie einen Lolly.
an	An der Tasche sitzt ein Schmetterling.
auf	Sie trägt auf dem Kopf einen Hut.
vor	Vor ihr sitzt ein Häschen.
hinter	Hinter ihr steht ein Löwe.
über	Über ihr fliegt ein Vogel.
unter	Unter ihren Füßen ist grünes Gras.
neben	Neben dem Mädchen steht eine Tasche.
zwischen	Sie steht zwischen zwei Bäumen.

Wo? (•) *in, an, auf, vor, hinter, über, unter, neben, zwischen* + Dativ
an + *dem* = *am*
in + *dem* = *im*

1 *An, auf, über, unter, neben, zwischen, vor, hinter.* **Ergänzen Sie.**

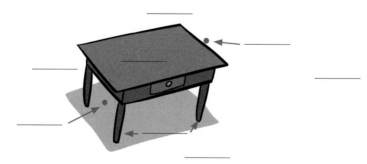

2 *In, an* **oder** *auf*? **Ergänzen Sie.**

1 ● Wo sind die Blumen? ■ _____ der Vase.

2 ● Wo ist die Vase? ■ _____ dem Tisch.

3 ● Wo ist der Tisch? ■ _____ dem Fenster.

4 ● Wo ist die Flasche? ■ _____ dem Boden.

5 ● Wo ist der Wein? ■ _____ der Flasche.

6 ● Wo ist die Lampe? ■ _____ der Decke.

7 ● Wo ist das Bild? ■ _____ der Wand.

8 ● Wo ist das Auto? ■ _____ dem Bild.

3 **Ergänzen Sie die Artikel.**

Ich wohne sehr günstig. In mein_em_ Haus ist eine Bäckerei. In d___ Bäckerei kann ich schon morgens um

7 Uhr frische Brötchen bekommen. Links neben mein___ Haus ist ein Supermarkt und rechts neben

mein___ Haus ist ein Blumengeschäft. Leider stehen auf d___ Straße vor d___ Häusern immer viele Autos.

Auf d___ anderen Straßenseite ist eine Apotheke und ein Friseur. Zwischen d___ Apotheke und d___

Friseur ist ein Park. I___ Park gibt es einen Kinderspielplatz. Auf d___ Spielplatz spielen immer viele Kinder.

4 **Schreiben Sie Sätze.**

> 1 Der Schrank ist an der Wand.

1 der Schrank / die Wand	**7** die Bonbons / die Bücher
2 die Lampe / der Schreibtisch	**8** die Bücher / der Schrank
3 der Zettel / der Bildschirm	**9** der Bildschirm / der Schreibtisch
4 der Computer / der Schreibtisch	**10** die Stifte / das Papier
5 das Telefon / das Telefonbuch	**11** die Maus / die Tastatur und das Telefonbuch
6 die Tastatur / der Bildschirm	**12** der Drucker / der Schreibtisch

5 **Ergänzen Sie die Präpositionen und die Artikel.**

1 Ich habe eine Anzeige _____ d_____ Zeitung gesehen: 4-Zimmer-Wohnung in Bockenheim.

2 _____ welch___ Stock ist die Wohnung? – Sie ist _____ Erdgeschoss.

3 Guck mal da hängt ein Zettel. Kannst du lesen, was _____ d_____ Zettel steht?

4 Öffnen Sie bitte das Buch _____ d_____ Seite 22.

5 Ich kann nicht kommen, ich bin gerade _____ Telefon.

6 Bernd hat nie Zeit, er sitzt den ganzen Abend _____ d_____ Fernseher oder _____ Computer.

7 Komm zum Essen, wir sitzen alle schon _____ Tisch.

8 Die Zeitung steckt _____ Briefkasten.

die Zeitung
der Stock
das Erdgeschoss
der Zettel
die Seite
das Telefon
der Fernseher
der Computer
der Tisch
der Briefkasten

in	Der Lolly fällt in die Tasche.
an	Der Schmetterling fliegt an den Baum.
auf	Der Löwe springt auf den Boden.
vor	Der Hut fällt vor den Löwen.
hinter	Das Mädchen läuft hinter den Baum.
über	Der Vogel fliegt über den Baum.
unter	Der Hase läuft unter den Hut.
neben	Der Hut fällt neben die Tasche.
zwischen	Der Löwe springt zwischen die Bäume.

Wohin?
nennt die Richtung (direktiv):
Präposition + Akkusativ
in + das = ins
an + das = ans

Wo?
nennt den Ort (situativ):
Präposition + Dativ
in + dem = im
an + dem = am

---

1 **Wohin fliegt die Biene? Schreiben Sie.**

Auf das Buch.

2 *Wo?* **oder** *Wohin?* **Ordnen Sie die Verben zu.**

gehen • studieren • sein • sitzen • stehen • bringen • fahren • essen • steigen • spielen • fliegen

Wohin?   *gehen*

Wo?   *studieren*

3 Was passt zusammen? Kombinieren Sie.

1 Wohin gehst du heute Abend?	**A** In Berlin.
2 Wo möchtest du studieren?	**B** In die USA.
3 Wo ist das Bad?	**C** In die Schule.
4 Wohin bringst du die Kinder?	**D** Neben der Haustür.
5 Wohin fahrt ihr im Sommer?	**E** Am Meer.
6 Wo kann man gut Fisch essen?	**F** Ans Meer.
7 Wohin fliegt ihr nächstes Jahr?	**G** In die Disko.

1	F, G

4 *Wo* oder *wohin*? Ergänzen Sie.

1 ● _Wo?_ ■ In der Schönhauser Straße.

2 ● _____ ■ Wir gehen in die Mediothek.

3 ● _____ ■ Ich gehe ins Kino, kommst du mit?

4 ● _____ ■ Wir studieren in München.

5 ● _____ ■ In die Küche, ich hole neuen Kaffee.

6 ● _____ ■ In der Küche, ich mache neuen Kaffee.

7 ● _____ ■ Die Kinder spielen auf dem Spielplatz.

8 ● _____ ■ Sie bringt den Müll in die Mülltonne.

5 Ergänzen Sie die Artikel im Dativ oder Akkusativ.

1 ● Was machen wir im Urlaub? Sollen wir an___ Meer fahren?

■ Nein, a___ Meer waren wir doch schon letztes Jahr. Dieses Jahr möchte ich lieber

in d___ Berge. Ich möchte auf ein___ hohen Berg steigen.

● Warst du schon in d___ Alpen?

■ Nein, noch nicht. Ich würde gerne in d___ Alpen fahren.

2 ● Heute Abend gehe ich in___ Kino. Kommst du mit?

■ Nein, ich war gestern schon i___ Kino. Ich möchte lieber in e___ Konzert gehen.

in, an, auf, über, unter,
vor, hinter, neben, zwischen:
wo? – Dativ
wohin? – Akkusativ

6 Sabine räumt auf. Ergänzen Sie die Sätze.

1

Die Decke liegt _____   *Sie legt die Decke* _____

_____   _____

4

Die Socken liegen _____   *Sie legt die Socken* _____

_____   _____

2

Die Stifte liegen _____   *Sie legt die Stifte* _____

_____   _____

5

Das Papier liegt _____   *Sie legt das Papier* _____

_____   _____

3

Der Kuchen steht _____   *Sie stellt den Kuchen* _____

_____   _____

6

Die Vase steht _____   *Sie stellt die Vase* _____

_____   _____

Wo?	in + Dativ		an + Dativ	auf + Dativ	bei + Dativ
immer Dativ	**Räume, Städte, Länder** im Haus in Berlin in Deutschland		**Kontakt, „Wasser"** an der Station am Strand	◯ auf dem Fußballplatz	**Personen, Firmen, Aktivitäten** bei Lisa bei H&M beim Arzt beim Picknick

Wohin?	nach	in + Akkusativ	an + Akkusativ	auf + Akkusativ	zu + Dativ
Akkusativ aber zu + Dativ	**Städte, Länder (ohne Artikel)** nach Paris nach Japan	**Räume, Länder (mit Artikel)** ins Haus in die Schweiz	**Kontakt, „Wasser"** an die Station an den Strand	◯ auf den Fußballplatz	**Personen, Firmen, Aktivitäten** zu Lisa zu H&M zum Arzt zum Picknick

Woher?	aus + Dativ		von + Dativ		
immer Dativ	**Räume, Städte, Länder** aus Paris aus Japan aus dem Haus		**Kontakt, „Wasser", Personen, Firmen, Aktivitäten** vom Strand vom Fußballplatz von Lisa vom Picknick		

⚠ Wo?   *Ich bin zu Hause.*
     Wohin?   *Ich gehe nach Hause.*
     Woher?   *Ich komme von zu Hause.*

⚠ *Wald, Park, Garten, Schwimmbad* und
     Berge (im Plural) benutzt man mit *in*.
     Also *im Wald ...*

in + dem = im
an + dem = am
bei + dem = beim
von + dem = vom
zu + dem = zum
in + das = ins
an + das = ans

am Wasser   *im Wasser*   *auf dem Wasser*

① **Wo sind Sie? Ergänzen Sie die Präpositionen.**

1 _an_ dem / _am_ Meer
2 ____ Paris
3 ____ dem Tennisplatz
4 ____ dem / ____ Supermarkt
5 ____ H&M

6 ____ dem / ____ Chef
7 ____ meiner Schwester
8 ____ Japan
9 ____ dem / ____ Strand
10 ____ dem / ____ Kino

11 ____ dem Berg
12 ____ den Bergen
13 ____ Hause
14 ____ dem / ____ Garten

2 Wohin gehen Sie? Ergänzen Sie die Präpositionen.

1 _in_ das / _ins_ Theater 5 _____ den Markt 9 _____ die USA

2 _____ dem/ _____ Arzt 6 _____ meinem Vater 10 _____ Mexiko

3 _____ dem / _____ Examen 7 _____ den Park 11 _____ den Fußballplatz

4 _____ den Strand 8 _____ London 12 _____ Hause

3 Woher? Wo können Sie *aus* sagen? Markieren Sie.

der Schule – dem Arzt – Thailand – dem Strand – dem Fußballplatz – dem Krankenhaus – Thomas –
dem Kaufhaus – dem Picknick – zu Hause – dem Schwimmbad

4 Wohin? Ordnen Sie zu und ergänzen Sie den Artikel.

Kino (das) • Meer (das) • Berg (der) • Chefin (die) • Madrid • Johannes •
Park (der) • Spielplatz (der) • Oper (die) • Türkei (die) • Strand (der) • Picknick (das) • Hause •
Krankenhaus (das) • Straße (die) • Alpen (die) • Tisch (der)

in	nach	an	auf	zu
in das / ins Kino				

5 Ergänzen Sie die Präpositionen und Artikel (wenn nötig).

	China	die Schweiz	das Kino	der Strand	der Sportplatz	Ikea	der Arzt
woher?	aus China						
wo?							
wohin?							

6 Ergänzen Sie die Präpositionen und die Artikel (wenn nötig).

Uschi: Hallo, woher kommst du denn?

Barbara: Ich komme _____ Zahnarzt und jetzt muss ich schnell _____ _____ Supermarkt

gehen, weil meine Tochter gleich _____ _____ Schule kommt. Was machst du?

Uschi: Ich komme _____ _____ Fitness-Studio und möchte heute _____ _____ Markt

einkaufen. Dann gehe ich _____ meiner Schwester. Sie ist gestern _____ _____

Krankenhaus gekommen und ich möchte ihr frisches Obst bringen.

> der Zahnarzt
> der Supermarkt
> die Schule
> das Fitness-Studio
> der Markt
> die Schwester
> das Krankenhaus

Frau Schäfer: Wo waren Sie denn? Sie sehen sehr gut aus!

Frau Winkler: Wir sind vor drei Tagen _____ Spanien gekommen. Wir haben Urlaub

_____ Meer gemacht. Eine Woche waren wir auch _____ Barcelona.

Wir hatten ein Hotel _____ Zentrum. Und Sie?

Frau Schäfer: Wir fahren in zwei Wochen _____ _____USA _____ meinen Schwiegereltern.

Die Kinder waren noch nie _____ _____ Großeltern. Sie waren aber jedes

Jahr _____ uns. Natürlich wohnen wir _____ ihnen _____ Norfolk, das ist direkt _____

Atlantischen Ozean. Wir können also jeden Tag _____ _____ Strand gehen und _____ Meer

baden. Und wir wollen auch mal _____ Disneyland fahren.

> (das) Spanien
> das Meer
> das Zentrum
> die USA (Pl.)
> die Schwiegereltern (Pl.)
> die Großeltern (Pl.)
> der Atlantische Ozean
> der Strand
> das Disneyland

Arbeiten Sie mit einem Partner.
Partner A sieht Seite 84, Partner B sieht Seite 85.

rot: **Sie bilden einen Satz.**
grau: **Sie kontrollieren und reagieren.**

 Beispiel

der Schrank • der Schreibtisch (stellen)
Sie sehen das Bild oben und bilden einen Satz:

Stell den Schrank links neben den Schreibtisch.

1 der Schrank • der Schreibtisch (stellen)
Gut, das habe ich gemacht. Jetzt steht der Schrank links neben dem Schreibtisch.

2 Stell die Vase zwischen den Schrank und das Sofa.
die Vase • der Schrank + das Sofa (stehen)

 3 der Teppich • das Sofa (legen)
Gut, das habe ich gemacht. Jetzt liegt der Teppich vor dem Sofa.

4 Stell den Computer auf den Schreibtisch.
der Computer • der Schreibtisch (stehen)

 5 der Tisch • der Teppich (stellen)
Gut, das habe ich gemacht. Jetzt steht der Tisch auf dem Teppich.

6 Häng das Bild an die Wand über das Sofa.
das Bild • die Wand, das Sofa (hängen)

 7 das Regal • der Sessel + die Tür (stellen)
Gut, das habe ich gemacht. Jetzt steht das Regal zwischen dem Sessel und der Tür.

8 Stell den Papierkorb unter den Schreibtisch.
der Papierkorb • der Schreibtisch (stehen)

 9 die Bücher (Plural) • das Regal (stellen)
Gut, das habe ich gemacht. Jetzt stehen die Bücher im Regal.

10 Stell die Lampe hinter den Sessel.
die Lampe • der Sessel (stehen)

die Lampe

die Vase

das Sofa

der Schrank

das Bild

der Computer

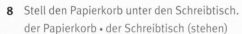
der (Schreib)Tisch

das Regal

der Papierkorb

die Bücher

der Teppich

der Sessel

Arbeiten Sie mit einem Partner.
Partner A sieht Seite 84, Partner B sieht Seite 85.

rot: **Sie bilden einen Satz.**

grau: **Sie kontrollieren und reagieren.**

Beispiel

Stell den Schrank links neben den Schreibtisch.

der Schrank • der Schreibtisch (stehen)

Sie sehen den korrekten Satz, kontrollieren Ihren Partner und reagieren:

> *Gut, das habe ich gemacht. Jetzt steht der Schrank links neben dem Schreibtisch.*

- -

1   Stell den Schrank links neben den Schreibtisch.
    der Schrank • der Schreibtisch (stehen)

2   die Vase • der Schrank + das Sofa (stellen)
    Gut, das habe ich gemacht. Jetzt steht die Vase zwischen dem Schrank
    und dem Sofa.

3   Leg den Teppich vor das Sofa.
    der Teppich • das Sofa (liegen)

4   der Computer • der Schreibtisch (stellen)
    Gut, das habe ich gemacht. Jetzt steht der Computer auf dem Schreibtisch.

5   Stell den Tisch auf den Teppich.
    der Tisch • der Teppich (stehen)

6   das Bild • die Wand, das Sofa (hängen)
    Gut, das habe ich gemacht. Jetzt hängt das Bild an der Wand über dem Sofa.

7   Stell das Regal zwischen den Sessel und die Tür.
    das Regal • der Sessel + die Tür (stehen)

8   der Papierkorb • der Schreibtisch (stellen)
    Gut, das habe ich gemacht. Jetzt steht der Papierkorb unter dem Schreibtisch.

9   Stell die Bücher ins Regal.
    die Bücher (Plural) • das Regal (stehen)

10 die Lampe • der Sessel (stellen)
    Gut, das habe ich gemacht. Jetzt steht die Lampe hinter dem Sessel.

die Vase

die Lampe

der Schrank

das Sof

das Bild

der Computer

der (Schreib)Ti

das Regal

der Papierkorb

die Bücher

der Teppich

der Sessel

	maskulin	neutral	feminin	Plural
Nominativ	der Mann	das Kind	die Frau	die Leute
	der nette Mann	das nette Kind	die nette Frau	die netten Leute
	ein netter Mann	ein nettes Kind	eine nette Frau	– nette Leute
	kein netter Mann	kein nettes Kind	keine nette Frau	keine netten Leute
Akkusativ	den Mann	das Kind	die Frau	die Leute
	den netten Mann	das nette Kind	die nette Frau	die netten Leute
	einen netten Mann	ein nettes Kind	eine nette Frau	– nette Leute
	keinen netten Mann	kein nettes Kind	keine nette Frau	keine netten Leute

Das Adjektiv links vom Nomen hat immer mindestens ein *-e* am Ende.
Es gibt immer einen typischen Buchstaben, ein Signal. Es ist am Artikel **oder** am Adjektiv.

> *der nette Mann*

> *ein netter Mann*

Im Akkusativ maskulin hat das Adjektiv immer ein extra *-n*.
Im Plural hat das Adjektiv ein extra *-n* oder das Signal.

Mein, dein, sein, ihr, unser, euer, ihr, Ihr funktionieren wie *kein*.

Das Adjektiv rechts vom Nomen hat keine Endung:
Der Mann ist nett.
Die Leute sind nett.

---

1 **Adjektiv im Nominativ (definiter und indefiniter Artikel). Ergänzen Sie die Endungen.**

1 ● Ist das der nett___ Lehrer? ▪ Ja, das ist ein nett___ Lehrer.

2 ● Ist das die neu___ Tasche? ▪ Ja, das ist eine neu___ Tasche.

3 ● Ist das das bequem___ Sofa? ▪ Ja, das ist ein bequem___ Sofa.

4 ● Sind das die günstig___ Tassen? ▪ Ja, das sind günstig___ Tassen.

5 ● Ist das der gut___ Herd? ▪ Ja, das ist ein gut___ Herd.

6 ● Ist das das intelligent___ Kind? ▪ Ja, das ist ein intelligent___ Kind.

7 ● Sind das die dumm___ Leute? ▪ Ja, das sind dumm___ Leute.

2 **Adjektive im Akkusativ (indefiniter und definiter Artikel). Ergänzen Sie die Endungen.**

1 ● Ich suche ein bequem___ Sofa. ■ Kaufst du das bequem___ Sofa?

2 ● Ich suche eine groß___ Tasche. ■ Kaufst du die groß___ Tasche?

3 ● Ich suche schön___ Schuhe. ■ Kaufst du die schön___ Schuhe?

4 ● Ich suche einen gut___ Kühlschrank. ■ Kaufst du den gut___ Kühlschrank?

3 **Ergänzen Sie die Endungen.**

Nominativ maskulin: Unser Hund ist nicht dumm___. Es ist ein intelligent___ Hund. Der intelligent___ Hund

gehört uns. Das ist unser intelligent___ Hund.

Nominativ neutral: Das Kaninchen ist süß___. Es ist ein weiß___ Kaninchen. Das süß___ Kaninchen hat

leider zu viele Kinder. Mein süß___ Kaninchen liebt seine Kinder.

Nominativ feminin: Die Katze ist faul___. Eine faul___ Katze ist gern zu Hause. Die faul___ Katze gefällt uns

sehr. Meine faul___ Katze schläft den ganzen Tag.

Nominativ Plural: Die Vögel singen schön___. Die frei___ Vögel singen schöner als die Vögel im Käfig.

Frei___ Vögel sind keine traurig___ Vögel.

Akkusativ: Wir lieben den intelligent___ Hund, das süß___ Kaninchen, die faul___ Katze und die frei___

Vögel. Wir mögen einen intelligent___ Hund, ein süß___ Kaninchen, eine faul___ Katze und frei___ Vögel.

Ich liebe meinen intelligent___ Hund, mein süß___ Kaninchen, meine faul___ Katze, meine schön___ Tiere.

4 **Im Kleidungsgeschäft. Nominativ oder Akkusativ? Ergänzen Sie die Endungen.**

Kundin: Ich suche einen rot___ Rock.

Verkäuferin: Hm, einen rot___ Rock. Wie finden Sie den kurz___ rot___ Rock hier?

Kundin: Wow! Der kurz___ Rock sieht schick aus! Und die weiß___ Bluse hier auch!

Verkäuferin: Vielleicht sollten Sie lieber eine gelb___ Bluse nehmen. Gelb ist sehr modern.

Kundin: Okay, ich nehme die gelb___ Bluse. Und ich suche noch ein schön___ Kleid.

Verkäuferin: Schauen Sie mal. Wie finden Sie das blau___ Kleid hier?

Kundin: Das gefällt mir nicht. Aber das schwarz___ Kleid da ist toll!

Verkäuferin: Sie brauchen dann noch schwarz___ Schuhe.

Kundin: Ich ziehe die rot___ Schuhe an. Das sieht auch super aus!

5 **Nominativ oder Akkusativ? Ergänzen Sie.**

Lieber Takao,

wir haben eine neu___ Wohnung! Sie liegt im Zentrum und ist nicht so teuer___. Wir haben

ein groß___ Wohnzimmer, einen klein___ Flur, eine modern___ Küche und zwei schön___

Schlafzimmer. Hoffentlich ist ein Schlafzimmer bald ein süß___ Kinderzimmer!

Für das Wohnzimmer wollen wir neu___ Möbel kaufen. Komm uns bald besuchen!

Viele Grüße
Dorothea

Dativ, Nominativ und Akkusativ

Dativ

Mit meinem schönen neuen roten Fahrrad.

	maskulin	neutral	feminin	Plural
Nominativ	der Mann	das Kind	die Frau	die Leute
	der nette Mann	das nette Kind	die nette Frau	die netten Leute
	ein netter Mann	ein nettes Kind	eine nette Frau	– nette Leute
	kein netter Mann	kein nettes Kind	keine nette Frau	keine netten Leute
Akkusativ	den Mann	das Kind	die Frau	die Leute
	den netten Mann	das nette Kind	die nette Frau	die netten Leute
	einen netten Mann	ein nettes Kind	eine nette Frau	– nette Leute
	keinen netten Mann	kein nettes Kind	keine nette Frau	keine netten Leute
Dativ	dem Mann	dem Kind	der Frau	den Leuten
	dem netten Mann	dem netten Kind	der netten Frau	den netten Leuten
	einem netten Mann	einem netten Kind	einer netten Frau	– netten Leuten
	keinem netten Mann	keinem netten Kind	keiner netten Frau	keinen netten Leuten

Es gibt immer einen typischen Buchstaben, ein Signal. Es ist am Artikel oder am Adjektiv.
Im Akkusativ maskulin und in allen Formen im Dativ hat das Adjektiv ein extra -*n*.
Im Plural hat das Adjektiv ein extra -*n* oder das Signal.

⚠ Beim Sprechen hilft: Wenn ein -*n* oder -*m* am Artikel ist, hat das Adjektiv automatisch auch ein -*n*.

Mein, dein, sein, ihr, unser, euer, ihr, Ihr funktionieren wie *kein*.

---

1 **Datum: *am* + Dativ. Schreiben Sie.**

Wann haben/hatten Sie Zeit?

1 12. Mai

2 2. November

3 4. Januar

4 10. August

5 nächstes Wochenende

6 3. Juli

7 nächster Sonntag

8 übernächster Freitag

9 letzter Samstag

10 vergangenes Wochenende

1 am zwölften Mai

2 **Adjektive im Dativ. Ergänzen Sie die Endungen.**

1 Wir leben mit einem intelligent___ Hund, einer faul___ Katze einem süß___ Kaninchen und viel___ klein___ Kaninchenkindern.

2 Ich gehe mit dem intelligent___ Hund spazieren. Mit der faul___ Katze, mit dem süß___ Kaninchen und mit den klein___ Kaninchenkindern geht das nicht.

3 Eine Party. Adjektive im Dativ (indefiniter und definiter Artikel).
Ergänzen Sie die Endungen.

1 ● Ich komme mit einem nett___ Freund. ■ Kommst du mit deinem neu___ Freund?

2 ● Sie kommt mit einer spanisch___ Freundin. ■ Kommt sie mit der schön___ Frau aus Spanien?

3 ● Er kommt mit neu___ Nachbarn. ■ Kommt er mit den neu___ Nachbarn aus Frankfurt?

4 ● Wir kommen mit einem klein___ Kind. ■ Kommt ihr mit eurem klein___ Kind?

5 ● Sie kommt mit einem sympathisch___ Mann. ■ Kommt sie mit dem sympathisch___ Mann?

6 ● Ich komme mit vier klein___ Hunden. ■ Nein, du kannst nicht mit den klein___ Hunden kommen!

4 Eine Einladung. Nominativ, Akkusativ oder Dativ? Ergänzen Sie.

Liebe Yvonne,

am nächst___ Samstag mache ich eine groß___ Party. Ich feiere in einem

schön___ Restaurant und lade alle meine gut___ Freunde ein. Also musst du

kommen! Du kannst auch deinen neu___ Freund mitbringen.

Ich mache ein groß___ Fest, weil ich einen ganz toll___ Job gefunden habe!

Am erst___ Juni beginne ich meine neu___ Arbeit bei einer sehr bekannt___

Firma hier in Düsseldorf. Ich glaube, mein neu___ Chef ist nett___, ich habe ein

gut___ Gehalt und vor allem eine interessant___ Arbeit.

Bis Samstag um 20 Uhr im Restaurant „Abendrot" in der Neuen Gasse 33!

Viele Grüße

Alexandra

der Samstag
die Party
das Restaurant
die Freunde (Plural)
der Freund
das Fest
der Job
der Juni
die Arbeit
die Firma
der Chef
das Gehalt

5 Ein Märchen. Nominativ, Akkusativ oder Dativ? Ergänzen Sie die Endungen.

Es war einmal ein sehr schön___ Mädchen. Es lebte in einem groß___ Schloss

mit seiner lieb___ Mutter und seinem reich___ Vater. Es hatte alles,

aber es war einsam___. Eines Tages machte die jung___ Frau einen lang___

Spaziergang durch den groß___ Schlosspark, denn das Wetter war

wunderbar___. Da traf sie einen sehr attraktiv___ jung___ Mann.

Er war ein Prinz. Der Prinz sprach sofort mit der schön___ jung___ Frau.

Sie fand den jung___ Mann sehr schön___. Er war ein groß___,

sportlich___ Mann. Sie sprachen miteinander und verliebten sich.

Also trafen sie sich am nächst___ und übernächst___ und

überübernächst___ Tag wieder. Am viert___ Tag küsste der Prinz das

schön___ Mädchen. Und als sie sich küssten, da war der Prinz plötzlich ein

klein___, grün___, hässlich___ Frosch!

das Schloss

der Prinz

das Mädchen

der Frosch

Komparativ und Superlativ

dick

Er ist dick,

dicker

aber er ist dicker

am dicksten

und er ist am dicksten.
Er ist der dickste Mann.

Komparativ: Das Adjektiv hat immer die Endung *-er*.
Superlativ: Das Adjektiv hat immer die Endung *-st(en)*.

Im Komparativ und Superlativ hat das Adjektiv oft einen Umlaut:
jung – jünger – am jüngsten.

Wenn das Adjektiv mit *t, d, s, sch, ß, x, z* endet, ist die
Endung *-este(n)*: *am härtesten*.

Vor einem Nomen hat das Adjektiv im Komparativ und Superlativ
eine Adjektivendung: *Er ist Brigittes jüngerer Bruder.*

Kein ~~*am*~~, wenn der Superlativ vor einem Nomen steht: *der ~~am~~ jüngste~~n~~ Sohn*

⚠		
gut	besser	am besten
viel	mehr	am meisten
gern	lieber	am liebsten
hoch	höher	am höchsten
teuer	teurer	am teuersten
groß	größer	am größesten

Vergleichssätze

Brigitte: 36 Jahre alt
Jürgen: 36 Jahre alt
Brigitte ist gleich alt wie **Jürgen.**
(genau) so

Lisa: 23 Jahre alt
Alex: 30 Jahre alt
Lisa ist (viel) jünger als **Alex.**

1 **Deutschland und Europa. Ergänzen Sie den Komparativ.**

Deutschland ist ___*größer*___ (*groß*) als England, aber _____ (*klein*) als Frankreich.

Deutschland hat in Europa _____ (*viel*) Einwohner als die anderen Länder. Früher war das Leben

in Deutschland _____ (*teuer*) als in Südeuropa, heute ist das nicht mehr so. Aber die Gehälter

sind in Deutschland _____ (*hoch*) als z. B. in Griechenland. Leider studieren bei uns _____

(*wenig*) Kinder als in Skandinavien. Unsere Küche ist sicher _____ (*schlecht*) als die in Italien oder

Frankreich und natürlich ist das Wetter in Südeuropa _____ (*gut*) als in Deutschland.

2 *als* oder *wie*? Kombinieren und schreiben Sie Sätze.

Ich trinke Kaffee lieber		ihre Tochter.
Meine Tochter liebe ich genauso sehr	**als**	du.
Deutsch lernen macht so viel Spaß		ich.
Ich kann das genauso gut		meinen Sohn.
Die Mutter ist noch schöner	**wie**	Tee.
Er hat mehr Geld bezahlt		der andere.
Sie sprechen fast so gut Deutsch		surfen, eine Party machen, Sport treiben.
Der Film war besser		ein Deutscher.

3 Ergänzen Sie die Adjektive.

1 gut – *besser* – am besten

2 klein – kleiner – _____

3 _____ – schöner – am schönsten

4 interessant – _____ – am interessantesten

5 _____ – mehr – am meisten

6 gern – _____ – am liebsten

7 gesund – gesünder – _____

4 Ergänzen Sie *am* oder *der*, *die*, *das* und beantworten Sie die Fragen.

1 Welches Tier kann _____ schnellsten laufen?

2 Wie heißt _____ höchste Berg der Erde?

3 Welches Land hat _____ meisten Einwohner?

4 Welches Land ist _____ kleinsten?

5 Wo regnet es _____ meisten?

6 In welchem Land werden _____ meisten Sprachen gesprochen?

7 Kennen Sie _____ reichste Schriftstellerin Europas?

8 Welcher Mann ist _____ reichsten?

9 Welcher Fluss ist _____ längste Fluss der Welt?

10 Welchen Filmschauspieler/ Welche Filmschauspielerin finden Sie _____ besten?

5 Ergänzen Sie die Adjektivendungen (wenn nötig).

Anna ist Sofias älter____ Schwester und Leonie ist ihre Freundin. Sie ist das ältest____ Mädchen. Sofia ist aber größer____ als Leonie, aber Leonie hat die längst____ Beine. Anna aber hat die größt____ Augen und einen schöner____ Mund als Sofia. Leonie hat die schönst____ Haare und Anna die best____ Figur. Ist Anna hübscher____ als Leonie oder Sofia? Wer ist das schönst____ Mädchen?

6 Meine drei Kinder. Ergänzen Sie den Komparativ oder Superlativ.

Ich habe drei Kinder: Lena, Daniel und Leo. Daniel ist ein Jahr _____ (*jung*) als Lena und zwei Jahre _____ (*alt*) als Leo, aber er konnte _____ (*früh*) lesen als Lena. Lena ist die _____ (*gut*) Schülerin in ihrer Klasse. Jetzt ist Daniel schon _____ (*groß*) als Lena und Leo hat _____ (*lang*) Haare als Daniel und Lena. Leo ist _____ (*dick*) als sein großer Bruder. Daniel ist auch _____ (*oft*) krank als seine Geschwister, obwohl er _____ (*viel*) Sport macht als sie. Lena liest am _____(*viel*) und Leo möchte am _____ (*gern*) immer am Computer spielen. Aber er kann _____ (*schnell*) laufen und _____ (*gut*) Rad fahren als die beiden anderen. Jedes Kind kann etwas _____ (*gut*) als seine Geschwister, aber ich liebe kein Kind _____ (*viel*) als die anderen.

Arbeiten Sie mit einem Partner.
Partner A sieht Seite 92, Partner B sieht Seite 93.

rot: Sie fragen und antworten.
grau: Sie kontrollieren und antworten.

 Anne

 Tom

 Marie

Variante A

(A2)

Variante B

 Beispiel
Farbe • Hose?
Diese Hose ist blau.
Sie fragen:

> Welche Farbe hat die Hose?

Beispiel
Was • tragen • Marie • zu • Kleid: rot?
Eine gelbe Jacke.
Sie fragen:

> Was trägt Marie zu dem roten Kleid?

---

1 Farbe • Hose • ?
Die Hose ist blau.
Wer • tragen • Hose: blau • ?
Tom trägt die blaue Hose.

 die Hose

1 Was • tragen • Marie • zu • Kleid: rot • ?
Eine gelbe Jacke.

 die Jacke

2 Welche Farbe hat der Pullover?
Pullover: grün
Wer trägt den grünen Pullover?
... • tragen • Pullover: grün

 der Pullover

2 Was trägt Tom zu der blauen Hose?
T-Shirt: gelb

 das T-Shirt

3 Farbe • Schuhe?
Die Schuhe sind schwarz.
Wer • tragen • Schuhe: schwarz •
Tom trägt die schwarzen Schuhe.

 *die Schuhe*

3 Was • tragen • Anne • zu • Pullover:
grün • und Rock: gelb • ?
Blaue Strümpfe.

 die Strümpfe

4 Welche Farbe hat der Rock?
Rock: gelb
Wer trägt den gelben Rock?
... • tragen • Rock: gelb

 der Rock

4 Was trägt Tom zu den schwarzen Schuhen?
Socken: braun

 die Socken

5 Farbe • Hut • ?
Der Hut ist gelb.
Wer • tragen • Hut: gelb • ?
Marie trägt den gelben Hut.

 der Hut

5 Was • tragen • Marie • zu • Jacke: gelb • ?
Gelbe Flipflops.

 die Flipflops

6 Was trägt Tom zu dem gelben T-Shirt?
Kappe: schwarz

 die Kappe

Partnerseite 6: Adjektive
Partner B

Arbeiten Sie mit einem Partner.
Partner A sieht Seite 92, Partner B sieht Seite 93.

rot: **Sie fragen und antworten.**
grau: **Sie kontrollieren und antworten.**

Marie

Tom

Anne

Variante A

 Beispiel
Welche Farbe hat die Hose?
Hose: blau
Sie kontrollieren Ihren Partner und antworten:

> Die Hose ist blau.

- -

1 Welche Farbe hat die Hose?
Hose: blau
Wer trägt die blaue Hose?
… • tragen • Hose: blau

die Hose

2 Farbe • Pullover • ?
Der Pullover ist grün.
Wer • tragen • Pullover: grün • ?
Anne trägt den grünen Pullover.

der Pullover

3 Welche Farbe haben die Schuhe?
Schuhe: schwarz
Wer trägt die schwarzen Schuhe?
… • tragen • Schuhe: schwarz

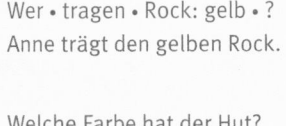
die Schuhe

4 Farbe • Rock • ?
Der Rock ist gelb.
Wer • tragen • Rock: gelb • ?
Anne trägt den gelben Rock.

der Rock

5 Welche Farbe hat der Hut?
Hut: gelb
Wer trägt den gelben Hut?
… • tragen • Hut: gelb

der Hut

(A2) Variante B

 Beispiel
Was trägt Marie zu dem roten Kleid?
Jacke: gelb
Sie kontrollieren Ihren Partner und antworten:

> Eine gelbe Jacke.

- -

1 Was trägt Marie zu dem roten Kleid?
Jacke: gelb

die Jacke

2 Was • tragen • Tom • zu • Hose: blau • ?
Ein gelbes T-Shirt.

das T-Shirt

3 Was trägt Anne zu dem grünen Pullover
und dem gelben Rock?
Strümpfe: blau

die Strümpfe

4 Was • tragen • Tom • zu •
Schuhen: schwarz • ?
Braune Socken.

die Socken

5 Was trägt Marie zu der gelben Jacke?
Flipflops: gelb

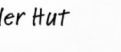
die Flipflops

6 Was • tragen • Tom • zu • T-Shirt: gelb • ?
Eine schwarze Kappe.

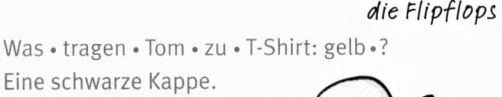
die Kappe

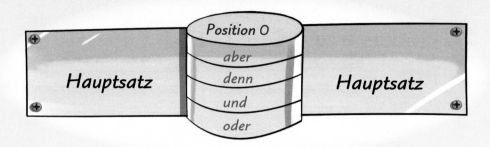

Hauptsatz	Position 0	Hauptsatz		
		Position 1	Position 2	
Heute habe ich keine Zeit,	aber	wir	können	morgen ins Kino gehen.
Ich möchte morgen ins Kino gehen,	denn	da	läuft	ein guter Film.
Ich möchte mit dir essen gehen	und	(ich	möchte	mit dir) einen Film sehen.
Möchtest du lieber ins Kino (gehen)	oder		(möchtest	du lieber) ins Theater gehen?

Bei *und*, *oder* und *aber* kann man doppelte Satzteile weglassen:
Ich möchte mit dir essen gehen und (ich möchte mit dir) einen Film sehen.

aber	Kontrast	Ich habe kein Fahrrad, aber wir haben zwei Autos.
denn	Grund	Wir haben zwei Autos, denn wir mögen Autos.
und	Addition	Ich habe einen Porsche und mein Mann hat einen Ferrari.
oder	Alternative	Möchtest du meinen Porsche oder willst du seinen Ferrari?

1 **Ergänzen Sie die Konjunktionen.**

> aber • und • denn • oder

1 Ich mache eine Diät, _____ ich bin zu dick.

2 Ich möchte schlank sein, _____ ich habe große Lust zu essen.

3 Ich liebe Schokolade _____ ich esse auch sehr gerne Eis.

4 Ich mache eine Obstdiät _____ ich mache eine Eierdiät.

2 **Schreiben Sie Sätze.**

1 Am Samstag geht Lisa einkaufen • und • besucht • sie • am Sonntag • ihre Freunde • .
2 Sie geht mit ihren Freunden in den Park • sehen • sie • einen Film im Kino • oder • .
3 Am Samstag scheint die Sonne, • am Sonntag • aber • es • regnet • .
4 An diesem Sonntag gehen sie ins Kino, • schlecht • denn • ist • das Wetter • .

3 **Ergänzen Sie die Konjunktionen.**

aber • und • denn • oder • denn •• und

1 Frankfurt ist nicht so groß wie Berlin, _____ Frankfurt hat einen größeren Flughafen.

2 Berlin hat die meisten Museen _____ die meisten Theater.

3 Viele Leute wollen in Berlin arbeiten _____ viele Touristen kommen nach Berlin.

4 Viele Leute kommen nach Berlin, _____ Berlin ist die Hauptstadt von Deutschland.

5 Morgens um 5 Uhr können Sie in Hamburg noch auf die Reeperbahn gehen _____

Sie besuchen den Fischmarkt.

6 Ich wohne gerne in München, _____ dort kann ich im Winter in die Alpen zum Ski fahren.

4 **Verbinden Sie die Sätze mit *und*. Was kann man weglassen?**
(Manchmal kann man nichts weglassen!)

1 Ich gehe gerne ins Kino. Ich gehe gerne ins Theater.
2 Er kauft ein neues Handy. Er kauft einen neuen Laptop.
3 Sie geht heute schwimmen. Sie spielt heute Tennis.
4 Mein Bruder mag gerne Jazzmusik. Ich mag gerne klassische Musik.
5 Wir wollen zusammen für die Prüfung lernen. Wir wollen zusammen in Urlaub fahren.

> *1 Ich gehe gerne ins Kino und (ich gehe gerne) ins Theater.*

5 **Verbinden Sie die Fragen mit *oder*. Was kann man weglassen?**
(Manchmal kann man nichts weglassen!)

1 Gehen Sie am Samstagabend ins Kino?
  Gehen Sie am Samstagabend ins Theater?
2 Essen Sie gerne Schokolade? Essen Sie lieber Pizza?
3 Möchten Sie einen Kaffee? Möchten Sie einen Tee?
4 Möchten Sie den Kaffee mit Zucker?
  Möchten Sie den Kaffee ohne Zucker?
5 Soll ich das Fenster aufmachen? Ist es Ihnen zu kalt?

> *1 Gehen Sie am Samstagabend ins Kino oder (gehen Sie am Samstagabend) ins Theater?*

6 **Schreiben Sie den Text neu. Verbinden Sie die Sätze mit *denn, und, oder, aber*.**

1 Ich gehe in die Stadt. Ich möchte einkaufen.

_____

2 Ich möchte eine Hose kaufen. Ich möchte eine Bluse kaufen.

_____

3 Die rote Bluse ist sehr schön. Sie ist zu teuer.

_____

4 Soll ich die blaue nehmen? Soll ich die grüne nehmen?

_____

5 Mir gefällt die blaue. Mir gefällt die grüne.

_____

6 Leider kann ich nur eine Bluse kaufen. Ich habe nicht so viel Geld dabei.

_____

Immer Position 0
aber – und – denn – oder
= AUDO

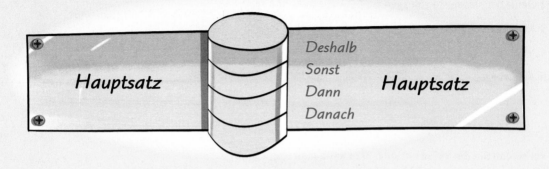

Hauptsatz	Hauptsatz		
	Position 1	**Position 2** **Verb**	**Position 3** **Subjekt**
Ich arbeite heute nicht.	Deshalb	habe	ich	viel Zeit für dich.
Komm zu mir.	Sonst	bin	ich	so allein.
Ich koche für uns.	Dann	gehen	wir	ins Kino.

Deshalb, *sonst*, *dann* und *danach* stehen meistens auf Position 1.

deshalb	konsekutiv	Ich brauche Geld. Deshalb arbeite ich.
sonst	wenn nicht ..., dann ...	Ich brauche Geld, sonst kann ich nichts einkaufen.
dann/danach	temporal	Zuerst gehe ich einkaufen, dann koche ich.

---

1 **Was passt zusammen? Kombinieren Sie.**

1 Mein Fernseher ist kaputt.   A Deshalb gehen wir ins Restaurant.
2 Meine Uhr ist kaputt.   B Deshalb musste ich mit dem Bus fahren.
3 Mein Herd ist kaputt.   C Deshalb gehen wir ins Kino.
4 Mein Auto ist kaputt.   D Deshalb bin ich zu spät gekommen.

2 **Was passt zusammen? Kombinieren Sie.**

1 Kannst du mir bitte Geld geben,   A sonst kann ich mich nicht konzentrieren.
2 Geh doch bitte einkaufen,   B sonst haben wir heute Abend nichts zu essen.
3 Sei doch bitte ruhig,   C sonst verpasse ich den Bus.
4 Ich muss sofort gehen,   D sonst kann ich die Rechnung nicht bezahlen.

3 **Was passt zusammen? Kombinieren Sie.**

1 Morgens trinkt er einen Kaffee.   A Dann geht er nach Hause.
2 Er fährt erst mit dem Bus.   B Danach geht er schlafen.
3 Nach der Arbeit kauft er ein.   C Danach geht er zur Arbeit.
4 Abends sieht er einen Krimi.   D Dann fährt er drei Stationen mit der U-Bahn.

4 Schreiben Sie Sätze.

1 Heute habe ich Geburtstag. Deshalb • meine Freunde • ich • eingeladen • habe • .
2 Wir wollen erst ins Restaurant gehen. Dann • in die Disko • wollen • gehen • wir • .
3 Ich brauche meine neuen Schuhe. Sonst • ich • nicht • tanzen • kann • .
4 Hoffentlich ist die Musik gut. Dann • wir • haben • viel Spaß • .
5 Wir wollen lange feiern. Deshalb • ich • morgen lange schlafen • möchte • .

5 Verbinden Sie die Sätze mit *deshalb*, *sonst* oder *dann*.

1 Mein Kühlschrank ist leer. Ich muss einkaufen gehen.

_____

2 Ich muss mich beeilen. Ich komme zu spät.

_____

3 Kannst du mir dein Handy leihen? Ich kann meinem Mann nicht Bescheid sagen.

_____

4 Lazaro muss heute lange arbeiten. Er kann nicht kommen.

_____

5 Wir besichtigen die Stadt. Wir gehen essen.

_____

6 Ich schreibe die E-Mail. Ich schicke die E-Mail ab.

_____

7 Wir müssen einen Schirm mitnehmen. Wir werden nass.

_____

8 Meine Tochter ist krank, sie kann heute leider nicht zur Schule kommen.

_____

6 Eine E-Mail. Ergänzen Sie *sonst*, *deshalb* oder *danach*.

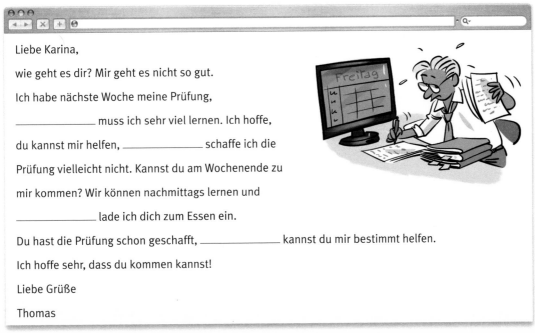

Liebe Karina,

wie geht es dir? Mir geht es nicht so gut.

Ich habe nächste Woche meine Prüfung,

_____ muss ich sehr viel lernen. Ich hoffe,

du kannst mir helfen, _____ schaffe ich die

Prüfung vielleicht nicht. Kannst du am Wochenende zu

mir kommen? Wir können nachmittags lernen und

_____ lade ich dich zum Essen ein.

Du hast die Prüfung schon geschafft, _____ kannst du mir bestimmt helfen.

Ich hoffe sehr, dass du kommen kannst!

Liebe Grüße

Thomas

		Konjunktion	Subjekt		Verb
Was?	Ich hoffe,	dass	mein Freund	heute	kommt.
Wann?	Mein Freund ruft an,	wenn	er	am Bahnhof	ankommt.
Warum?	Ich gehe zum Bahnhof,	weil	ich	meinen Freund	abholen will.

Im Nebensatz steht das konjugierte Verb am Ende.
Trennbare Verben stehen zusammen am Ende.

Position 1	Position 2	
Wenn er Zeit hat,	geht	er ins Theater.

Wenn der Nebensatz am Satzanfang steht, steht er auf Position 1.
Das konjugierte Verb folgt direkt auf Position 2 (Verb, Verb).

Nebensätze mit *wenn* stehen oft auf Position 1, Nebensätze mit *weil* und *dass* selten.

---

1 **Schreiben Sie Sätze.**

1 Ich glaube, • dass • er • geht • gerne • in die Disko •.
Er geht in die Disko, • er • will • tanzen • weil •.
Es macht ihm besonders viel Spaß, • seine Freunde • wenn • mitkommen •.

2 Er geht zum Arzt, • hat • Rückenschmerzen • er • weil •.
Der Arzt sagt, • soll • machen • er • dass • Gymnastik •.
Er kann auch ein Medikament nehmen, • die Schmerzen • sind • sehr stark • wenn •.

2 **Antworten Sie mit *weil*.**

> Der Akku von meinem Handy ist leer. • Ich wollte nicht stören. •
> Ich musste so lange arbeiten. • Es ist so warm. • Sie sieht gerade fern.

1 Warum rufst du nicht an? _____

2 Warum kommst du so spät? _____

3 Warum öffnest du das Fenster? _____

4 Warum geht sie nicht ans Telefon? _____

5 Warum hast du nicht Bescheid gesagt? _____

3 **Susi kommt heute nicht in den Kurs. Was denken Sie?**

> ~~Sie ist krank.~~ • Sie hat keine Lust. • Ihr Kind ist krank. • Sie muss arbeiten. •
> Sie will lange schlafen. • Sie kauft ein. • Sie holt ihren Mann vom Flughafen ab. •
> Sie hat den Kurs vergessen. • Sie hat den Bus verpasst. • Sie ruht sich ein bisschen aus.

> *Ich glaube, dass sie krank ist.*
> *Ich denke, dass …*
> _____

4a **Was macht Marian, wenn …? Schreiben Sie Antworten.**

> ~~Die Sonne scheint.~~ • Er hat Urlaub. • Er trifft sich mit seiner Freundin. •
> Er muss länger arbeiten. • Er sieht gerade fern.

1 Wann geht er joggen? *Er geht joggen, wenn die Sonne scheint.* _____

2 Wann schläft er lange? _____

3 Wann zieht er sich schick an? _____

4 Wann ärgert er sich? _____

5 Wann darf man ihn nicht stören? _____

4b **Schreiben Sie die Sätze aus 4a neu. Beginnen Sie mit dem Nebensatz.**

> *1 Wenn die Sonne scheint, geht er joggen.*

5 **Wenn oder wann? Ergänzen Sie.**

> wann? =
> Fragewort
> wenn =
> Konjunktion

1 _____ sind Sie geboren? – Am 23. 5. 1992.

2 _____ ich morgen fit bin, können wir schwimmen gehen.

3 _____ kommst du? – Ich weiß noch nicht, vielleicht am Samstag, _____ ich Zeit habe.

4 _____ beginnt die Diskussion? – Wir müssen noch warten. _____ alle da sind, können wir anfangen.

6 **Ergänzen Sie weil, dass oder wenn.**

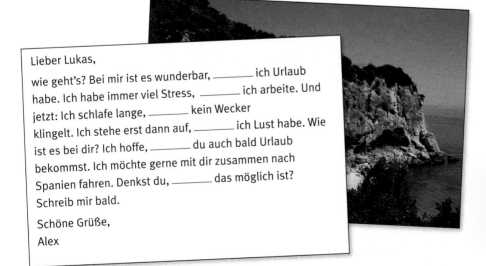

Lieber Lukas,

wie geht's? Bei mir ist es wunderbar, _____ ich Urlaub
habe. Ich habe immer viel Stress, _____ ich arbeite. Und
jetzt: Ich schlafe lange, _____ kein Wecker
klingelt. Ich stehe erst dann auf, _____ ich Lust habe. Wie
ist es bei dir? Ich hoffe, _____ du auch bald Urlaub
bekommst. Ich möchte gerne mit dir zusammen nach
Spanien fahren. Denkst du, _____ das möglich ist?
Schreib mir bald.

Schöne Grüße,

Alex

dass,
weil,
wenn =
Verb am
Ende

Wo?
vorn(e), hinten, oben, unten,
rechts, links

Wohin?
nach vorn(e), nach hinten, nach oben, nach unten,
nach rechts, nach links

(Nach) oben, (nach) unten, (nach) links, (nach) rechts, (nach) hinten, (nach) vorne sind keine Präpositionen.
Sie stehen alleine <u>ohne</u> ein Nomen.

dort, da
Er ist <u>in Berlin</u>.

Da/Dort *(= in Berlin)* trifft er seine Familie.

dorthin, dahin
Ich fahre <u>nach Berlin</u>.

Ah, ich fahre auch dorthin *(= nach Berlin)*.

temporal: <u>Am Montag</u> kann ich nicht kommen, da *(= am Montag)* habe ich eine Prüfung.

1 **Ergänzen Sie die Adverbien.**

oben • unten • rechts • links • hinten • vorne

_____ sind Berge.

_____ spielen Kinder.

_____ fliegt ein Ballon.

_____ ist ein See.

_____ ist ein Restaurant.

_____ ist ein Parkplatz.

2 **Welche Verben passen? Ordnen Sie zu.**

gehen • sein • kommen • laufen • fahren • stehen • bleiben • wohnen

nach oben _____

oben _____

3 **Ergänzen Sie.**

1 Er steht _oben._   Er geht _nach oben._

2 Er steht _____ .   Er geht _____ .

3 Sie ist _hinten_____ .   Sie geht _____ .

4 Er ist _____ .   Er kommt_____ .

4 **Braucht man *nach*? Ergänzen Sie, wenn nötig.**

1 Ich bin _____ oben auf dem Turm. Komm doch auch _____ oben.

2 Bitte, kommen Sie _____ vorne, dann können Sie besser sehen.

3 Wir wohnen im ersten Stock, _____ unten ist ein Supermarkt und _____ oben im 12. Stock wohnt

meine Freundin. Ich gehe oft _____ oben oder sie kommt zu uns _____ unten.

5 **Ergänzen Sie *da/dort – dahin/dorthin*.**

1 ● Möchten Sie im Juni mit uns nach Stockholm fliegen?

 ■ Ja, ich möchte gerne mit Ihnen _____ fliegen. Denn ich war noch nicht _____ .

2 Morgen ist Flohmarkt. Gehst du auch _____?

3 Siehst du das alte Haus? _____ habe ich früher gewohnt.

6 **Ergänzen Sie die Erklärung.**

1 Kommst du im Juli nach Berlin? – Nein, da (= _im Juli_____) habe ich keinen Urlaub.

2 Arbeitest du nächste Woche? – Nein, da (= _____) habe ich frei.

3 Ich habe im August Geburtstag. Da (= _____) möchte ich eine große Party machen.

4 Heute Abend kann ich nicht. Da (= _____) kommt Anna.

7 **Markieren Sie wie im Beispiel.**

1 ● Kommst du auch ins Kino?   3 ● Warst du schon einmal in Peru?

 ■ Nein, <u>da</u> war ich gestern schon.   ■ Nein, <u>da</u> war ich noch nicht, aber ich möchte <u>dorthin</u> fahren.

2 ● Was ist am 23. März?   ● Fährst du im Mai mit uns nach Peru?

 ■ <u>Da</u> ist Ostern.   ■ Leider kann ich <u>da</u> nicht. Ich habe erst im Juli Urlaub.

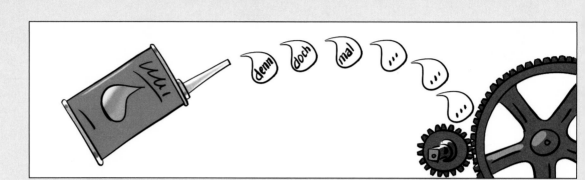

Es gibt viele Partikeln im Deutschen. Partikeln haben sehr viele verschiedene Bedeutungen.
Drei Beispiele:

denn	in Fragen: macht die Frage persönlicher	Was ist denn hier passiert?
doch	kann bedeuten: ich denke, dass du das auch weißt, und ich finde das nicht gut (Vorwurf)	Im Kino waren wir doch gestern. Ich möchte lieber in die Disko gehen.
doch (mal)	in Imperativen: macht die Aufforderung persönlicher/freundlicher	Probier doch (mal), es schmeckt lecker.
mal	in Imperativen und Sätzen: macht die Aussage unverbindlicher	Ich rufe dich an. (= Ich rufe dich bestimmt an.) Ich rufe dich mal an. (= Ich rufe dich vielleicht an, wenn ich Zeit und Lust habe.)

Die Wörter *denn* und *doch* haben auch noch eine andere Bedeutung:

Partikel denn	*Warum kommen Sie denn heute?*
Konjunktion denn	*Morgen kann ich nicht, denn ich muss mein Auto zur Werkstatt bringen.*
Partikel doch	*Nehmen Sie doch noch ein Stück Kuchen, oder schmeckt er Ihnen nicht?*
Antwort doch	*Doch, er schmeckt wunderbar, ich nehme gerne noch ein Stück.*

Partikeln betont man nicht.

---

1 **Lesen Sie die Sätze laut. Betonen Sie die unterstrichenen Wörter und betonen Sie die Partikel nicht.**

1 Wann <u>kommst</u> du denn?
2 Du kannst doch nicht mit <u>Flip</u>flops ins Theater gehen! Das <u>geht</u> doch nicht.
3 <u>Hel</u>fen Sie doch bitte.
4 <u>Sag</u> doch mal, wa<u>rum</u> kommst du denn so <u>spät</u>?
5 Kannst du <u>näch</u>ste Woche mal bei mir vor<u>bei</u>kommen?

2 **Was sind Partikeln? Notieren Sie Klammern.**

1 Was hast du (denn) da mitgebracht?
2 Kannst du mir das mal zeigen?
3 Ich hatte doch keine Ahnung, dass du keinen Käse magst.
4 ● Kennst du denn schon die neue Nachbarin? ■ Ja, ich habe schon mit ihr gesprochen.
5 Bring mir doch eine Zeitung mit.

3 **Ergänzen Sie die Antworten.**

> ~~zu spät~~ • zu teuer • zu klein • zu alt

1 ● Ich komme um 8 Uhr.

   ■ Nein, das ist _doch viel zu spät_ !

2 ● Möchten Sie diese Erdbeeren?

   ■ Nein, die sind _____.

3 ● Sollen wir den Fernseher kaufen?

   Nein, der ist _____.

4 ● Wie gefällt dir das Auto?

   ■ Das ist _____.

4 **Fragen Sie persönlicher. Schreiben Sie die Fragen mit *denn*.**

1 Wie war es im Urlaub? _Wie war es denn im Urlaub?_

2 Wie lange waren Sie in Brasilien? _____?

3 Wie heißt du? _____?

4 Wie lange sind Sie schon in Deutschland? _____?

5a **Sagen Sie es persönlicher. Schreiben Sie die Imperativsätze mit *doch*.**

1 Machen Sie bitte das Fenster auf. _Machen Sie doch bitte das Fenster auf._

2 Nehmen Sie noch ein Stück Kuchen. _____.

3 Schreibt bitte eure Adresse auf. _____.

4 Geh joggen. _____.

5b **Sagen Sie es unverbindlicher. Schreiben Sie die Imperativsätze mit *mal*.**

1 Ruf an. _Ruf mal an._

2 Probier die Suppe. _____.

3 Kommen Sie ins Sekretariat. _____.

4 Geht ins Kino. _____.

6 **Partikel oder Antwort/Konjunktion?**

1 ● Beruhige dich doch (= _Partikel_), es ist doch (= _____) nichts passiert.

   ■ Doch (= _Antwort_), guck mal, das Kleid ist kaputt!

2 ● Wie geht's dir denn (= _____), Daniel?

   ■ Wunderbar, ich kann lange schlafen, denn (= _____) wir haben Ferien.

3 Komm doch (= _____) morgen vorbei, dann können wir zusammen einen Kaffee trinken.

4 ● Wo warst du denn (= _____) gestern? Du wolltest doch (= _____) zu mir kommen.

   ■ Ich konnte nicht, denn (= _____) meine Tante ist gekommen.

   ● Kannst du dann heute auch nicht kommen?

   ■ Doch (= _____), meine Tante ist schon wieder weg.

Arbeiten Sie mit einem Partner.
Partner A sieht Seite 104, Partner B sieht Seite 105.
rot: Sie fragen und antworten.
grau: Sie kontrollieren.

Beispiel
Warum • er • bis 14 Uhr • schlafen?
Sie fragen:

> *Warum schläft er bis 14 Uhr?*

Emil   Marianne   Anette

	weil	wenn	dass
Emil	Warum • er • bis 14 Uhr • schlafen? Weil er auf einer Party war.	Was macht er, wenn er auf einer Party ist? Er • tanzen • lachen • und trinken.	Was • über Partys • er • denken? Er denkt, dass eine Party immer super ist.
Marianne	Warum steht sie um 7 Uhr auf? Weil • arbeiten • sie • müssen.	Was macht sie, wenn • müde • sein • sie? Sie trinkt fünf Espresso.	Was denkt sie über ihre Arbeit? Sie denkt, dass • die Arbeit • beginnen • zu früh.
Anette	Warum • sie • jeden Tag • drei Stunden • spazieren gehen? Weil sie einen Hund hat.	Was macht sie, wenn sie nervös ist? Sie • mit dem Hund • spazieren gehen.	Was • über Tiere • sie • denken? Sie denkt, dass Tiere besser als Menschen sind.
Carola und Norbert	Warum tanzen sie auf dem Tisch? Weil • im Lotto • sie • gewonnen • haben.	Was machen sie, wenn • sie • eine Million Euro • haben? Sie machen eine Weltreise.	Was denken sie über Geld? Sie denken, dass • Geld • manchmal • glücklich machen.
Jenny 4 Jahre alt	Warum • sie • das Mittag-essen • nicht essen? Weil sie vorher sechs große Eis gegessen hat.	Was macht sie, wenn sie ins Bett gehen muss? Sie • protestieren • weinen • fernsehen möchten.	Was • sie • denken • über ihre Mama? Sie denkt, dass ihre Mama lieb, aber zu streng ist.
Jonas	Warum steht er jeden Tag acht Stunden vor dem Spiegel? Weil • Frisör • sein • er.	Was macht er, wenn • mit der Arbeit • er • aufhören? Er geht zum Frisör oder einkaufen.	Was denkt er über das Leben? Er denkt, dass • das Leben • Spaß machen • müssen.

Carola und Norbert   Jenny   Jonas

Arbeiten Sie mit einem Partner.
Partner A sieht Seite 104, Partner B sieht Seite 105.
rot: Sie fragen und antworten.
grau: Sie kontrollieren.

Beispiel

Warum schläft er bis 14 Uhr?

weil • er • war • auf einer Party

Weil er auf einer Party war.

Sie kontrollieren Ihren Partner und antworten:

	Emil	Marianne	Anette
	weil	wenn	dass
Emil	Warum schläft er bis 14 Uhr?	Was macht er, wenn • auf einer Party • er • sein?	Was denkt er über Partys?
	Weil • er • war • auf einer Party.	Er tanzt, lacht und trinkt.	Er denkt, dass • eine Party • immer super • sein.
Marianne	Warum • sie • um 7 Uhr • aufstehen?	Was macht sie, wenn sie müde ist?	Was • sie • über ihre Arbeit • denken?
	Weil sie arbeiten muss.	Sie • fünf Espresso • trinken.	Sie denkt, dass die Arbeit zu früh beginnt.
Anette	Warum geht sie jeden Tag drei Stunden spazieren?	Was macht sie, wenn • sie • nervös • sein?	Was denkt sie über Tiere?
	Weil • einen Hund • sie • haben.	Sie geht mit dem Hund spazieren.	Sie denkt, dass • Tiere • besser als Menschen • sein.
Carola und Norbert	Warum • auf dem Tisch • sie • tanzen?	Was machen sie, wenn sie eine Million Euro haben?	Was • über Geld • sie • denken?
	Weil sie im Lotto gewonnen haben.	Sie • eine Weltreise • machen.	Sie denken, dass Geld manchmal glücklich macht.
Jenny 4 Jahre alt	Warum isst sie das Mittagessen nicht?	Was macht sie, wenn • ins Bett • sie • gehen • müssen?	Was denkt sie über ihre Mama?
	Weil • vorher • sechs große Eis • sie • hat • gegessen.	Sie protestiert, weint, möchte fernsehen.	Sie denkt, dass • ihre Mama • sein • lieb, aber zu streng.
Jonas	Warum • er • jeden Tag • 8 Stunden • vor dem Spiegel • stehen?	Was macht er, wenn er mit der Arbeit aufhört?	Was • denken • über das Leben • er?
	Weil er Frisör ist.	Er • zum Frisör • oder einkaufen • gehen.	Er denkt, dass das Leben Spaß machen muss.

Carola und Norbert   *Jenny*   *Jonas*

der Schirm

der Regenschirm

der Kinderschirm

der Sonnenschirm

Wort 1   + Wort 2   = Wort 3
der Kaffee   + die Tasse   = die Kaffeetasse

Wort 2 ist die Basis. Wort 1 gibt mehr Informationen.

Der Artikel (der, die, das) kommt vom letzten Wort.
Der Akzent ist fast immer auf Wort 1: die <u>Kaffee</u>tasse

⚠ Manchmal gibt es zwischen Wort 1 und Wort 2 ein *n* (*Familienname*) oder ein *s* (*Sonntagszeitung*).

Auf Deutsch kann man auch mehrere Wörter kombinieren z. B.:
die Kinder (Pl) + der Garten + die Tasche = die Kindergartentasche

---

1 **Schreiben Sie Komposita.**

1 der Käse   +   der Kuchen   = _der Käsekuchen_

2 die Kinder   +   der Arzt   = _____

3 der Tisch   +   das Bein   = _____

4 das Haar   +   die Farbe   = _____

5 der Lehrer   +   das Zimmer   = _____

6 das Haus   +   die Nummer   = _____

7 der Fuß   +   der Ball   +   der Platz   = _____

8 das Haus   +   die Tür   +   der Schlüssel   = _____

2 **Schreiben Sie Komposita mit _n_ zwischen Wort 1 und Wort 2.**

1 die Straße   +   der Name   = _____

2 die Toilette   +   die Brille   = _____

3 die Dame   +   der Schuh   = _____

3 Schreiben Sie Komposita mit *s* zwischen Wort 1 und Wort 2.

1 die Zeitung + der Kiosk = _____

2 der Vertrag + der Partner = _____

3 die Übernachtung + der Preis = _____

4 die Geburt + der Tag = _____

4 Was kann man essen? Markieren Sie.

<u>der Kopfsalat</u>   der Suppenteller   das Pausenbrot   das Fischgeschäft   die Frühstückspause

die Frühlingssuppe   der Pfannkuchen   der Apfelbaum   der Blattsalat   die Butterdose

das Wachtelei   das Hähnchenfleisch   das Dosengemüse   das Gartenobst   der Obstgarten

5 Schreiben Sie mit den Wörtern Komposita. Es gibt verschiedene Möglichkeiten.

> *die Tasche(+n) + die Lampe = die Taschenlampe*

der Ball

die Uhr

die Lampe(n)

das Telefon

der Regen

die Sonne(n)

die Hand

das Buch

der Fuß

die Tasche(n)

Nicht alle *Arztkinder* **werden** *Kinderarzt*.

der Schirm

6 Kombinieren Sie.

1

2

3

4

5

6

7

A   Handtuch

B   Betttuch

C   Kopftuch

D   Halstuch

E   Taschentuch

F   Duschtuch

G   Tischtuch

A	5

Nomen + *-chen, -lein*	*-chen* und *-lein* machen die Sache klein (Diminutiv). Der Artikel ist immer *das*, der Plural hat keine Endung. Es gibt oft einen Umlaut.	das Haus – das Häuschen das Haus – das Häuslein
Verbstamm + *-er*	männliche Personen Apparate/Maschinen Der Artikel ist immer *der*, der Plural hat keine Endung. Es gibt oft einen Umlaut.	Fußball spielen – der Fußballspieler rechnen – der Taschenrechner
Land + *-er*	männliche Personen aus einem Land Es gibt oft einen Umlaut.	das Ausland – der Ausländer die Schweiz – der Schweizer
männliche Person + *-in*	weibliche Personen Der Artikel ist immer *die*, der Plural ist *-nen*.	der Ausländer – die Ausländerin der Physiker – die Physikerin der Pole – die Polin ⚠ der Deutsche – die Deutsche, der Gast (hat keine weibliche Form)
Verbstamm + *-ung*	Nomen Der Artikel ist immer *die*, der Plural ist immer *-en*.	einladen – die Einladung sich verspäten – die Verspätung
Infinitiv als Nomen	Der Artikel ist immer *das*. Es gibt keinen Plural. Oft stehen die Nomen ohne Artikel oder mit einer Präposition.	tanzen – das Tanzen Ich finde Tanzen toll. Beim Tanzen bin ich glücklich. Zum Tanzen brauche ich gute Musik.

1 **Machen Sie die „Sachen" klein. Benutzen Sie die Endung *-chen* und Umlaute (wenn nötig).**

1 die Stadt – *das Städtchen* 3 das Kleid – _____ 5 der Finger – _____

2 der Baum – _____ 4 der Hund – _____ 6 das Kind – _____

2 Frauen oder Männer? Ordnen Sie zu und schreiben Sie im Singular und Plural.

Ausländerinnen • Piloten • Mathematiker • Verkäuferin • Studenten • Studentin • Freunde • Freundin

Frauen	Männer
die Ausländerin, –nen	der Pilot, –en

3 Wie heißt der Apparat? Ergänzen Sie die Nomen.

1 Mit dem Apparat kann man fernsehen: Das ist ein _____.

2 Mit dem Apparat kann man Reis kochen: Das ist ein _____.

3 Mit dem Apparat kann man Wäsche trocknen: Das ist ein _____.

4 Bilden Sie Nomen mit *-ung*. Schreiben Sie die Nomen mit Artikel.

1 lösen – _____   4 vorbereiten – _____

2 wohnen – _____   5 erinnern – _____

3 meinen – _____   6 erklären – _____

5 Verb oder Nomen? Ergänzen Sie.

1 erklären • die Erklärung

Die _____ von Herrn Schmidt habe ich nicht verstanden. Herr Müller kann viel besser

_____, bei ihm verstehe ich immer alles.

2 wohnen • die Wohnung

Wo _____ Sie? – In der Hauptstraße 3, unsere _____ liegt im 3. Stock.

3 lösen • die Lösung

Ich kann die Aufgabe nicht _____. Guck doch mal hinten im Buch auf Seite 118, da steht

die _____.

6 Was machen Sie im Unterricht gerne, was können Sie gut? Bilden Sie aus den Verben Nomen.

~~hören~~ • lesen • sprechen • schreiben

1 Ich mag gerne CDs. _Das Hören_ finde ich am besten.

2 Ich bin sehr kommunikativ und spreche gerne mit anderen Leuten. _____ finde ich leicht.

3 Ich möchte gerne deutsche Zeitungen lesen. Deshalb ist _____ für mich wichtig.

4 Ich brauche ein bisschen Zeit und arbeite gerne alleine. Deshalb gefällt mir _____ am besten.

7 Ergänzen Sie die Nomen.

~~Lesen~~ • Fernsehen • Einkaufen • Duschen • Schreiben • Joggen

1 Zum _Lesen_ brauche ich eine Brille.   4 Beim _____ singe ich.

2 Zum _____ brauche ich das Auto.   5 Beim _____ höre ich Musik.

3 Beim _____ esse ich Popcorn.   6 Zum _____ nehme ich einen Kuli.

aus sein	← →	**an sein**
(= ausgeschaltet sein)		(= eingeschaltet sein)

Der Fernseher ist aus.   Der Fernseher ist an.

zu sein	← →	**auf sein**
(= geschlossen sein)		(= geöffnet sein)

Die Tür ist zu.   Die Tür ist auf.

da sein	← →	**weg sein**
(= anwesend sein)		(= verschwunden sein)

Das Geld ist da.   Das Geld ist weg.

dafür sein	← →	**dagegen sein**
(= einverstanden sein, etwas gut finden)		(= nicht einverstanden sein, etwas nicht gut finden)

Ich bin dafür.   Ich bin dagegen.

los sein	(= Aktivität)	Abends ist hier viel los.
dabeihaben	(= mitgebracht haben)	Haben Sie die Dokumente dabei?
anhaben	(= Kleidung tragen)	Du hast eine schöne Jacke an.

Diese Verben benutzt man beim Sprechen. Man schreibt sie nicht so oft.

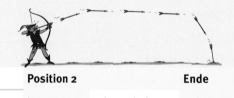

	Position 2		Ende
Die Tür	ist	schon wieder	auf.
Ich	habe	alle Dokumente	dabei.

---

1 **Ergänzen Sie *auf, an, zu, aus*.**

  1 Ich schalte das Radio ein. Jetzt ist es _____.

  2 Er schaltet das Radio wieder aus. Jetzt ist es _____.

  3 Er öffnet die Tür. Jetzt ist sie _____.

  4 Sie schließt das Fenster. Jetzt ist es _____.

2 Ergänzen Sie *da* oder *weg*.

1 Nein, das darf doch nicht wahr sein! Mein Auto ist _____. Ich gehe sofort zur Polizei.

2 Hallo, Ulrike. Klaus ist wieder _____. Er ist gestern Abend aus dem Urlaub zurückgekommen.

3 Ich verliere alles. Mein Schlüssel ist wieder _____, ich habe ihn in meiner Jackentasche gefunden.

Aber jetzt ist mein Handy _____! Wo kann es nur sein?

3 Ergänzen Sie *dafür* oder *dagegen*.

1 ● Sollen wir ins Kino gehen? ■ Ja, ich bin _____.

2 ● Bist du für oder gegen nukleare Energie? ■ Ich finde das zu gefährlich, ich bin _____.

3 ● Sollen wir ein Geschenk für Lukas und Merle kaufen? ■ Ja, ich bin _____.

4 Ergänzen Sie *nichts los* oder *viel los*.

1 Ich wohne in einem kleinen Dorf. Am Wochenende ist hier _____.

2 Im Urlaub war es toll. Jeden Abend war Disko! Es war immer _____.

3 Berlin ist die Hauptstadt. Da gibt es viele Angebote. Es ist immer _____.

4 Im Sommer sind hier viele Touristen. Aber im Winter ist hier _____.

5 Ergänzen Sie *an* oder *dabei*.

1 Er hat heute sein Handy nicht _____. Es liegt hier auf dem Tisch.

2 Er hat eine schicke Hose _____. Er sieht gut aus.

3 Haben Sie Ihren Pass _____? Dann können Sie sofort den Antrag stellen.

4 Stell dir vor, sie hatte in der Oper eine Jeans _____!

6 Ergänzen Sie.

auf · aus · weg · los · zu · an · dabei · dagegen

1 Heute Abend ist hier nichts _____.

2 Tut mir leid, das Buch habe ich nicht _____.

3 Es ist eiskalt! Warum ist denn schon wieder das Fenster _____.

4 Das ist Pech. Das Geschäft hat Mittwochnachmittag immer _____.

5 ● Sollen wir uns ein neues Auto kaufen? ■ Nein, ich bin _____, das ist zu teuer.

6 Meine Tasche ist _____! Das ist ärgerlich. Alle meine Dokumente sind in der Tasche.

7 Es ist zu dunkel. Das Licht ist _____. Mach es doch bitte an.

8 Was hast du denn _____? Die Hose sieht unmöglich aus!

7 Sagen Sie es anders.

1 Luise trägt ein rotes Kleid.
2 Was ist passiert?
3 Läuft der Fernseher?
4 Sie hat die Augen geschlossen.
5 War Helmi gestern im Kurs?
6 Hast du das Buch mitgebracht?
7 Das Licht ist nicht eingeschaltet.

1 Luise hat ein rotes Kleid an.

der (maskulin):	Alkohol	der Gin, der Wodka ⚠ das Bier
	Automarken	der BMW, der Honda ⚠ das Auto
	Zeiträume	der Tag, der Monat, der Januar, der Mittwoch, der Frühling ⚠ die Woche, das Jahr, die Nacht
	Wetter	der Regen, der Schnee ⚠ das Gewitter, die Sonne
die (feminin):	Ende *-eit*	die Krankheit, die Höflichkeit
	Ende *-ung*	die Ausbildung, die Beratung
	Ende *-ion*	die Rezeption, die Information
	Ende *-in*	die Lehrerin, die Freundin
	Motorradmarken	die Kawasaki, die BMW
	Ende *-e* (80%)	die Tasche, die Batterie ⚠ der Name, der Buch- stabe, das Auge, das Ende und alle männlichen Personen und Tiere (der Junge, der Hase)
das (neutral):	Ende *-chen*	das Mädchen, das Brötchen
	Ende *-lein*	das Äuglein, das Brötlein
	Ende *-o*	das Kino ⚠ die Disko
	Beginn *Ge-* (90%)	das Gemüse, das Gesicht ⚠ die Gesundheit, die Gebühr

1 *Der, **die** oder **das***? Ordnen Sie die Nomen zu.

> Schönheit • Emotion • Opel • Büro • Frühling • Fähnchen • Ferrari • Häuschen • Gefühl • Liebe • Tequila •
> Konzentration • Häuflein • Abteilung • Farbe • Schnee • Herbst • Arbeiterin

der	*die*	*das*

② *Der*, *die* oder *das*? Ergänzen Sie den Artikel.

1 _____ Freitag, August, Sommer, Morgen

2 _____ Hähnchen, Fräulein, Brötchen, Lädchen

3 _____ Wein, Rum, Martini, Sekt

4 _____ Portion, Kreuzung , Variation, Mitteilung

5 _____ Reise, Nase, Sahne, Küche

6 _____ Wind, Schnee, Hurrikan, Sturm

③ Ergänzen Sie *der*, *die* oder *das* und die passende Regel.

1 *das* Geschäft *(Beginn Ge-)*   8 _____ Feindin (_____)

2 _____ Funktion (_____)   9 _____ Vase (_____)

3 _____ Wind (_____)   10 _____ Freiheit (_____)

4 _____ Männlein (_____)   11 _____ Fläschchen (_____)

5 _____ Entschuldigung (_____)   12 _____ Yamaha (_____)

6 _____ Monat (_____)   13 _____ Rum (_____)

7 _____ Mercedes (_____)   14 _____ Konto (_____)

④ Wie heißen der Singular und der Artikel? Schreiben Sie.

1 die Ausstellungen – *die Ausstellung*   7 die Lampen – _____

2 die Päckchen – _____   8 die Radios – _____

3 die Portionen – _____   9 die Kindlein – _____

4 die Nachbarinnen – _____   10 die Möglichkeiten – _____

5 die Kawasakis – _____   11 die Mitsubishis – _____

6 die Geschenke – _____   12 die Monate – _____

⑤ Welches Wort hat einen anderen Artikel? Ergänzen Sie die Artikel und markieren Sie.

1 *der* Rotwein   3 ___ Wärme   5 ___ Gepäck   7 ___ Schnee

    der Champagner   ___ Rosine   ___ Gericht   ___ Wind

⚠ *das* Bier   ___ Name   ___ Geschichte   ___ Gewitter

    der Schnaps   ___ Rose   ___ Geschirr   ___ Regen

2 ___ Abend   4 ___ Auto   6 ___ Herbst   8 ___ Kino

    ___ Nacht   ___ Ford   ___ Woche   ___ Foto

    ___ Tag   ___ Trabant   ___ Nachmittag   ___ Radio

    ___ Monat   ___ Renault   ___ Winter   ___ Disko

Unregelmäßige Verben

Infinitiv	Präsens er/sie/es/man	Perfekt er/sie/es/man
abfahren	fährt ab	ist abgefahren
abfliegen	fliegt ab	ist abgeflogen
abgeben	gibt ab	hat abgegeben
abschließen	schließt ab	hat abgeschlossen
anbieten	bietet an	hat angeboten
anfangen	fängt an	hat angefangen
ankommen	kommt an	ist angekommen
anrufen	ruft an	hat angerufen
ansehen	sieht an	hat angesehen
anziehen	zieht an	hat angezogen
aufstehen	steht auf	ist aufgestanden
ausgeben	gibt aus	hat ausgegeben
ausgehen	geht aus	ist ausgegangen
aussehen	sieht aus	hat ausgesehen
aussteigen	steigt aus	ist ausgestiegen
ausziehen	zieht aus	ist/hat ausgezogen
backen	backt/bäckt	hat gebacken
beginnen	beginnt	hat begonnen
behalten	behält	hat behalten
bekommen	bekommt	hat bekommen
bitten	bittet	hat gebeten
bleiben	bleibt	ist geblieben
braten	brät	hat gebraten
bringen	bringt	hat gebracht
denken	denkt	hat gedacht
einfallen	fällt ein	ist eingefallen
einladen	lädt ein	hat eingeladen
einschlafen	schläft ein	ist eingeschlafen
einsteigen	steigt ein	ist eingestiegen
einziehen	zieht ein	ist eingezogen
empfehlen	empfiehlt	hat empfohlen
essen	isst	hat gegessen
fahren	fährt	ist gefahren
fallen	fällt	ist gefallen
fernsehen	sieht fern	hat ferngesehen
finden	findet	hat gefunden
fliegen	fliegt	ist geflogen
geben	gibt	hat gegeben
gefallen	gefällt	hat gefallen
gehen	geht	ist gegangen
gewinnen	gewinnt	hat gewonnen
haben	hat	hat gehabt
halten	hält	hat gehalten
hängen	hängt	hat gehängt/gehangen
heißen	heißt	hat geheißen
helfen	hilft	hat geholfen
kennen	kennt	hat gekannt
kommen	kommt	ist gekommen
lassen	lässt	hat gelassen
laufen	läuft	ist gelaufen
leidtun	tut leid	hat leidgetan
leihen	leiht	hat geliehen
lesen	liest	hat gelesen

Infinitiv	Präsens er/sie/es/man	Perfekt er/sie/es/man
liegen	lag	hat/ist gelegen
losfahren	fährt los	ist losgefahren
mitbringen	bringt mit	hat mitgebracht
mitkommen	kommt mit	ist mitgekommen
mitnehmen	nimmt mit	hat mitgenommen
mögen	mag	hat gemocht
nehmen	nimmt	hat genommen
riechen	riecht	hat gerochen
scheinen	scheint	hat geschienen
schlafen	schläft	hat geschlafen
schließen	schließt	hat geschlossen
schneiden	schneidet	hat geschnitten
schreiben	schreibt	hat geschrieben
schwimmen	schwimmt	ist geschwommen
sehen	sieht	hat gesehen
sein	ist	ist gewesen
singen	singt	hat gesungen
sitzen	sitzt	hat/ist gesessen
spazieren gehen	geht spazieren	ist spazieren gegangen
sprechen	spricht	hat gesprochen
stattfinden	findet statt	hat stattgefunden
stehen	steht	hat/ist gestanden
steigen	steigt	ist gestiegen
sterben	stirbt	ist gestorben
streiten	streitet	hat gestritten
teilnehmen	nimmt teil	hat teilgenommen
tragen	trägt	hat getragen
treffen	trifft	hat getroffen
trinken	trinkt	hat getrunken
tun	tut	hat getan
übertragen	überträgt	hat übertragen
überweisen	überweist	hat überwiesen
umsteigen	steigt um	ist umgestiegen
umziehen	zieht um	hat/ist umgezogen
unterhalten	unterhält	hat unterhalten
unternehmen	unternimmt	hat unternommen
unterschreiben	unterschreibt	hat unterschrieben
vergessen	vergisst	hat vergessen
vergleichen	vergleicht	hat verglichen
verlieren	verliert	hat verloren
verschieben	verschiebt	hat verschoben
versprechen	verspricht	hat versprochen
verstehen	versteht	hat verstanden
vorschlagen	schlägt vor	hat vorgeschlagen
vorstellen	stellt vor	hat vorgestellt
wachsen	wächst	ist gewachsen
waschen	wäscht	hat gewaschen
weggehen	geht weg	ist weggegangen
wegwerfen	wirft weg	hat weggeworfen
wehtun	tut weh	hat wehgetan
werden	wird	ist geworden
wissen	weiß	hat gewusst
zurechtkommen	kommt zurecht	ist zurechtgekommen
zurückkommen	kommt zurück	ist zurückgekommen

Wichtige Verben mit Akkusativ und Dativ

anbieten	Darf ich Ihnen einen Tee anbieten?
bezahlen	Er hat uns die Getränke bezahlt.
bestellen	Er hat uns Kaffee bestellt.
bringen	Bitte bringen Sie mir einen Kaffee.
empfehlen	Ich kann Ihnen ein Restaurant empfehlen.
erklären	Können Sie mir das Problem erklären?
erzählen	Meine Oma hat uns immer schöne Geschichten erzählt.
geben	Bitte geben Sie mir die Rechnung.
holen	Er holt uns die Getränke.
kaufen	Ich möchte meinem Sohn einen Laptop kaufen.
kochen	Wer kocht uns heute das Mittagessen?
leihen	Sie hat ihm ein Buch geliehen.
liefern	Die Firma liefert uns die Möbel am Freitag.
mitbringen	Sie bringen ihm aus dem Urlaub ein Souvenir mit.
renovieren	Wir renovieren unseren Freunden die Wohnung.
reparieren	Die Werkstatt kann uns das Auto erst nächste Woche reparieren.
reservieren	Bitte reservieren Sie uns einen Tisch für 20:00 Uhr.
sagen	Hast du ihm die Neuigkeit gesagt?
schenken	Sie schenkt ihrem Vater eine Krawatte.
schicken	Können Sie uns bitte Informationen schicken?
schneiden	Der Friseur hat ihr die Haare super geschnitten.
schreiben	Sie schreibt ihm eine E-Mail.
servieren	Sie serviert ihren Gästen Kaffee und Kuchen.
verkaufen	Er verkauft seinem kleinen Bruder seinen alten I-Pod.
wünschen	Ich wünsche dir viel Glück!
zeigen	Die Frau zeigt ihnen die Sehenswürdigkeiten in der Stadt.

Wichtige Verben mit Dativ

antworten	Er konnte ihr nicht sofort antworten.
danken	Ich danke Ihnen.
fehlen	Was fehlt Ihnen?
gefallen	Der Hut gefällt mir gut.
(gut/schlecht) gehen	Wie geht es dir?
gehören	Wem gehört der Schlüssel?
glauben	Ich glaube dir.
gratulieren	Sie gratulieren ihm zum Geburtstag.
helfen	Kann ich Ihnen helfen?
leidtun	Entschuldigung, das tut mir leid.
passen	Die Hose passt mir leider nicht. / Der Termin passt mir nicht.
schmecken	Die Torte schmeckt uns.
stehen	Das Kleid steht ihr gut.
wehtun	Der Kopf tut mir weh.
zuhören	Bitte hören Sie mir genau zu.

Ordinalzahlen

1.	der/die/das erste	**1.–19.**	*-te*
2.	der/die/das zweite		
3.	der/die/das dritte		
4.	der/die/das vierte		
5.	der/die/das fünfte		
6.	der/die/das sechste		
7.	der/die/das siebte		
8.	der/die/das achte		
9.	der/die/das neunte		
10.	der/die/das zehnte		
11.	der/die/das elfte		
12.	der/die/das zwölfte		
13.	der/die/das dreizehnte		
14.	der/die/das vierzehnte		
...			
20.	der/die/das zwanzigste	**ab 20.**	*-ste*
21.	der/die/das einundzwanzigste		
...			
30.	der/die/das dreißigste		
...			
40.	der/die/das vierzigste		
...			
50.	der/die/das fünfzigste		
...			
60.	der/die/das sechzigste		
...			
70.	der/die/das siebzigste		
...			
80.	der/die/das achtzigste		
...			
90.	der/die/das neunzigste		
...			
100.	der/die/das (ein)hundertste		
101.	der/die/das (ein)hunderterste		
102.	der/die/das (ein)hundertzweite		
...			
112.	der/die/das (ein)hundertzwölfte		
...			
745.	der/die/das siebenhundertfünfundvierzigste		

Lösungen

1 Personalpronomen

1. 1 Wir – 2 Sie – 3 du – 4 Er
2. 1 er, sie, Sie – 2 du, Ich – 3 ihr, Wir – 4 Sie, ich
3. 1 Sie – 2 Sie – 3 Sie, Ich – 4 du, ich
4. 1 Er – 2 Es – 3 Sie – 4 Sie – 5 sie – 6 er
5. Sie, Er, Er, wir – Sie, Wir, Er, ich, du, ich
6. 1 du – 2 Sie – 3 ihr – 4 Sie
7. Frau Peneva – Anne – Anne und Lukas – Frau Peneva – Frau Peneva – die Blumen – Frau Peneva – Frau Peneva

2 Konjugation Präsens

1. kommst, komme, kommt, wohnt, wohnen, arbeitest, arbeite – heißen, heiße, kommen, komme, kommt, wohnen
2. 1 E, F – 2 A, C – 3 C, D – 4 B, G – 5 B, C, D, G – 6 C, D
3a. 1 heißt – 2 Kommt – 3 kommt, Gehen – 4 antwortest – 5 Tanzt
    A tanzt – B heiße – C verstehe – D arbeite/besucht – E kommt/bringe
3b. 1 B – 2 D – 3 E – 4 C – 5 A
4. kommt – kommen – lernen – schreibt – hört – lernt – machen – gehen – tanzt – diskutieren – trinken – tanzen
5. komme – kennst – kommt – Arbeitet – studiert – lernt – kenne – machen – tanzen – gehen – tanzt – kenne – freue
6. komme – schalte – öffne – beantworte – kommt – bringt – diskutieren – telefonieren – schreiben – gehen – trinken – macht – erzählen – frage – arbeitet

3 *sein*, *haben* und besondere Verben

1. ist, ist, Sind, bin, Sind, bin
2. Ich bin / Du bist / Er ist 15 Jahre alt. Ich bin / Du bist / Er ist in München. Ich bin / Du bist / Er ist Herr Wang.
   Ich bin / Du bist / Er ist Lehrer. Ich bin / Du bist / Er ist glücklich. Ich bin / Du bist / Er ist im Büro. Ich bin /
   Du bist / Er ist aus Japan.
   Sie ist 15 Jahre alt. Sie ist in München. Sie ist glücklich. Sie ist im Büro. Sie ist aus Japan.
   Sie sind / Wir sind / Ihr seid 15 Jahre alt. Sie sind / Wir sind / Ihr seid in München. Sie sind / Wir sind / Ihr seid Lehrer.
   Sie sind / Wir sind / Ihr seid glücklich. Sie sind / Wir sind / Ihr seid im Büro. Sie sind / Wir sind / Ihr seid aus Japan.
   Frau Tannberg ist in München. Frau Tannberg ist glücklich. Frau Tannberg ist im Büro.
   Mein Name ist Kolakowski. Das ist Herr Wang. Das ist ein Wörterbuch.
3. 1 Hast, habe, hast, habe – 2 Habt, haben – 3 hat, hat
4. 1 sind, sind, haben, ist – 2 sind, bin – 3 Sind, bin, habe – 4 Haben, haben – 5 Hast, ist
5. ist, ist, ist, hat, ist, hat, sind, haben, ist, bin
6. 1 möchten, möchten, möchte, möchtest, möchte – 2 möchten, möchte, möchte
7. Ich mag (keinen) Kaffee, (keine) Kartoffeln, (keinen) Käse, (keinen) Fisch.
   Meine Freundin mag (keinen) Kaffee, (keine) Kartoffeln, (keinen) Käse, (keinen) Fisch.
   Mein Freund mag (keinen) Kaffee, (keine) Kartoffeln, (keinen) Käse, (keinen) Fisch.
   Meine Eltern mögen (keinen) Kaffee, (keine) Kartoffeln, (keinen) Käse, (keinen) Fisch.
   Wir mögen (keinen) Kaffee, (keine) Kartoffeln, (keinen) Käse, (keinen) Fisch.
8. 1 Wissen, weiß, weiß – 2 weiß – 3 Weißt – 4 wissen
9. 1 tut, tun, tun, tun – 2 tust, tue, tun

4 Verben mit Vokalwechsel

1. 1 geben – 2 laufen – 3 helfen – 4 nehmen – 5 waschen – 6 sehen – 7 sprechen – 8 vergessen – 9 empfehlen –
   10 lesen – 11 fragen – 12 fahren
2. 1 Esst, essen, isst, essen, Isst, esse, isst – 2 lest, lese, liest, lese, liest – 3 nehmen, nehme, nehmt, nehmen,
   nimmst, nehme – 4 schlafen, schlafen, schläfst, schlafe – 5 Fahren, fahre, fahrt, fahre, fährt
3. isst, liest, fahren, trägt, läuft, fährt, nimmt, wäscht, hilft, gibt, spricht, lesen, sehen, sieht
4. 1 lebt – 2 kauft – 3 macht – 4 liest – 5 geht – 6 wäscht – 7 läuft – 8 gibt – 9 versteht
5. lade ... ein – fährst ... zurück – schläfst – nimmst ... mit – laufen – ansehen – gefällt – kommst ... an

5 Modalverben: Konjugation

1 1 möchtest, möchte, möchte, möchte, möchte, möchtet, möchten, möchten

2 kann, kannst, kann, könnt können, kann, können

3 müssen, musst, müsst, müssen, muss, muss

4 wollt, wollen, willst, will, will, wollen

5 darfst, darf, darf, dürft, dürft, dürfen, dürfen

6 soll, sollst, soll, Sollen

2 ich: möchte, kann, muss – er, sie, es, man: möchte, kann, muss – wir: wollen, können – ihr: dürft, müsst –
sie, Sie: wollen, können

3 1 Am Sonntag können wir lange schlafen.

2 Meine Tochter will eine Freundin besuchen.

3 Mein Mann möchte Fußball sehen.

4 Am Sonntag muss ich leider auch kochen.

5 Am Nachmittag möchten wir zusammen spazieren gehen.

4 Ich möchte meine Aufenthaltserlaubnis verlängern. – Sie müssen in den dritten Stock in Zimmer 325 gehen. –
Kann ich meinen Hund mitnehmen? – Hunde dürfen nicht ins Haus gehen. – Wo soll der Hund bleiben?

6 Modalverben: Gebrauch

1 möchte – muss – kann – muss/kann – möchte/will – kann – muss – kann – möchte/kann – kann – muss

2 1 dürfen – 2 muss – 3 darf – 4 dürfen – 5 darf – 6 darf – 7 muss – 8 muss

1 H – 2 B – 3 C – 4 G – 5 D – 6 E – 7 A – 8 F

3 1 1, 2 – 2 1, 2– 3 1, 3 – 4 2, 2, 1

4 1 möchte – 2 will, möchte – 3 möchten, möchten – 4 will, möchte, wollen – 5 wollen, möchten – 6 möchte

5 muss – musst – musst – soll – soll – sollst – soll

6 *Beispiele:* 1 Sollen wir zusammen ins Kino gehen? – 2 Soll ich Getränke kaufen? – 3 Soll ich die Musik leiser
machen? – 4 Soll ich das Fenster zumachen? – 5 Sollen wir zusammen fahren?

7 können – dürfen – müssen – dürfen

können – müssen – dürfen – dürfen

müssen – dürfen – müssen

dürfen – müssen – müssen

dürfen – müssen – wollen

müssen – dürfen – dürfen

7 Trennbare Verben

2 1 steige ... ein – 2 steige ... um – 3 steige ... aus – 4 komme ... an – 5 mache ... auf – 6 kommt rein –
7 Machen ... zu – 8 mache ... zu – fange ... an

3 1 Ich muss immer um 6 Uhr aufstehen. / Um sechs Uhr muss ich immer aufstehen.

2 Ich fange um 7:30 Uhr mit der Arbeit an. / Um 7:30 fange ich mit der Arbeit an.

3 Ich kaufe am Montag nach der Arbeit ein. / Am Montag kaufe ich nach der Arbeit ein.

4 Ich komme am Abend um 19 Uhr nach Hause zurück. / Am Abend um 19 Uhr komme ich nach Hause zurück.

5 Heute möchte ich ausgehen. / Ich möchte heute ausgehen.

6 Möchtest du mitkommen?

4 aufstehen – bereite ... vor – wasche ... ab – mache ... an – einkaufen – kommen ... zurück – bringen ... mit –
räume ... auf – rufe ... an – sehen ... fern – hänge ... auf – leere ... aus

5 lädt ... ein – kommen ... mit – mitkommen – fangen ... an – fahren ... ab – umsteigen – kommen ... an – holt ... ab –
mitnehmen – zurückkommen

6 1 Um 8 Uhr schalte ich den Computer an.

2 Um 10 Uhr kommt eine Lieferung an.

3 Um 9 Uhr muss ich Kunden anrufen und E-Mails schreiben.

4 Ich arbeite schnell, weil das Meeting um 11 Uhr anfängt.

5 Nach dem Meeting können wir mit der Pause anfangen.

6 Spätestens um 13 Uhr muss ich aus der Pause zurückkommen.

7 Um 17 Uhr schalte ich den Computer aus und räume den Schreibtisch auf.

8 Ich gehe schnell nach Hause zurück, weil ich heute ausgehen möchte.

9 Gehe ich alleine ins Kino oder kommen Sie mit?

8 Imperativ

1 1 Gehen Sie! Geh! Geht! – Hören Sie! Hör! Hört! – Singen Sie! Sing! Singt!

2 Kommen Sie mit! Komm mit! Kommt mit! – Gehen Sie weg! Geh weg! Geht weg! – Bringen Sie mit! Bring mit! Bringt mit! – Holen Sie ab! Hol ab! Holt ab!

3 Geben Sie! Gib! Gebt! – Nehmen Sie! Nimm! Nehmt! – Essen Sie! Iss! Esst! – Lesen Sie! Lies! Lest! – Sprechen Sie! Sprich! Sprecht!

4 Seien Sie! Sei! Seid! – Haben Sie! Hab! Habt! – Fahren Sie! Fahr! Fahrt! – Waschen Sie! Wasch! Wascht!

2 *Herr Müller:* Nehmen Sie bitte Platz. Lassen Sie sich Zeit.

Herr und Frau Müller: Nehmen Sie bitte Platz. Lassen Sie sich Zeit.

Mona und Lucas: Kommt bitte schnell. Esst doch noch etwas.

Mona: Gib mir mal den Teller. Hab doch keine Angst. Guck doch mal.

3 *Kursleiter:* Bitte lesen Sie einen Text. Bitte diskutieren Sie in der Gruppe. Bitte spielen Sie den Dialog. Bitte schreiben Sie an die Tafel.

Teilnehmer: Bitte wiederholen Sie. Bitte sprechen Sie langsam. Bitte erklären Sie das Wort. Bitte geben Sie ein Beispiel. Bitte schreiben Sie an die Tafel.

4 1 Dann geh doch nach Hause. Dann gehen Sie doch nach Hause.

2 Dann nimm doch eine Aspirin. Dann nehmen Sie doch eine Aspirin.

3 Dann arbeite doch weniger. Dann arbeiten Sie doch weniger.

4 Dann geh doch am Abend spazieren. Dann gehen Sie doch am Abend spazieren.

5 Dann mach doch Yoga. Dann machen Sie doch Yoga.

6 Dann trink doch einen Tee. Dann trinken Sie doch einen Tee.

7 Dann iss doch mehr. Dann essen Sie doch mehr.

8 Dann kauf doch eine Brille. Dann kaufen Sie doch eine Brille.

9 Dann iss doch weniger. Dann essen Sie doch weniger.

5a 1 Kaufen Sie Karteikarten.

2 Schreiben Sie die neuen Wörter auf Karteikarten.

3 Schreiben Sie auf die Rückseite einen Beispielsatz mit Lücke.

4 Mischen Sie die Karten.

5 Lesen Sie den Beispielsatz laut.

6 Ergänzen Sie das Wort für die Lücke.

7 Richtig? Dann legen Sie die Karte in den Kasten 2.

8 Falsch? Dann legen Sie die Karte wieder in den Kasten 1.

5b 1 Kauf Karteikarten.

2 Schreib die neuen Wörter auf Karteikarten.

3 Schreib auf die Rückseite einen Beispielsatz mit Lücke.

4 Misch die Karten.

5 Lies den Beispielsatz auf der Rückseite laut.

6 Ergänze das Wort für die Lücke.

7 Richtig? Dann leg die Karte in den Kasten 2.

8 Falsch? Dann leg die Karte wieder in den Kasten 1.

9 Fragen mit Fragewort

1 A 7 – B 1, 3 – C 6 – D 3, 4 – E 1 – F 5 – G 2

2 1 Wie heißen Sie? – 2 Wie ist Ihr Vorname? – 3 Woher kommen Sie? – 4 Wo wohnen Sie? – 5 Was sind Sie von Beruf?

3 1 Was – 2 Was / Wie viel – 3 Wie viele – 4 Wer – 5 Um wie viel – 6 Wann / Um wie viel Uhr

4 wie – woher – Wo – wer – Wie

5 1 Wo, wo – 2 Woher, Wohin

6 1 C – 2 D – 3 A – 4 B

7 1 F – 2 A – 3 G – 4 D – 5 C – 6 B – 7 E

8 1 Wer – 2 Wen – 3 Warum – 4 Mit wem

10 Ja/Nein-Fragen

1
1 Heißen Sie Schmidt? – Nein, ich heiße nicht Schmidt. / Ja, ich heiße Schmidt.
2 Kommen Sie aus Südafrika? – Nein, ich komme nicht aus Südafrika. / Ja, ich komme aus Südafrika.
3 Sprechen Sie Englisch? – Ja, ich spreche Englisch. / Nein, ich spreche kein Englisch.
4 Sind Sie verheiratet? – Ja, ich bin verheiratet. / Nein, ich bin nicht verheiratet.
5 Haben Sie Kinder? – Ja, ich habe Kinder. / Nein, ich habe keine Kinder.

2
1 Sprechen Sie Französisch? / Sprichst du Französisch?
2 Sind Sie Deutsche? / Bist du Deutsche?
3 Ist er Lehrer (von Beruf)?
4 Wohnen Sie schon lange hier (im Haus)? / Wohnt ihr schon lange hier im Haus?
5 Haben sie Kinder?

3
1 E – 2 F – 3 B, E – 4 D – 5 C – 6 A

4
1 doch – 2 ja – 3 nein – 4 doch – 5 nein – 6 ja – 7 nein

5
1 Würden Sie mir bitte den Zucker geben? / Könnten Sie mir bitte den Zucker geben?
2 Würden Sie mir bitte den Weg zum Bahnhof sagen? / Könnten Sie mir bitte den Weg zum Bahnhof sagen?
3 Würden Sie mir bitte den Stift geben? / Könnten Sie mir bitte den Stift geben?
4 Würden Sie bitte das Radio leiser machen? / Könnten Sie bitte das Radio leiser machen?
5 Würden Sie mir bitte das Wörterbuch geben? / Könnten Sie mir bitte das Wörterbuch geben?
6 Würden Sie mir bitte die Rechnung erklären? / Könnten Sie mir bitte die Rechnung erklären?

6
1 C – 2 A – 3 E – 4 F – 5 D – 6 B

11 Wörter im Satz 1

1
1 Er heißt Peter Schmidt.
2 Peter und seine Frau wohnen jetzt in Heidelberg.
3 Seine Adresse ist Auerstraße 12.
4 Peter ist Ingenieur von Beruf.
5 Seine Frau arbeitet im Krankenhaus.

2
1 Woher kommen Luis und Paloma?
2 Was sind sie von Beruf?
3 Wo wohnen sie jetzt?
4 Warum lernen sie Deutsch?

3
1 Das ist Paloma. – Ist das Paloma?
2 Sie kommt aus Peru. – Kommt sie aus Peru?
3 Paloma lernt Deutsch. – Lernt Paloma Deutsch?
4 Sie ist Mechanikerin. – Ist sie Mechanikerin?
5 Ihr Mann heißt Luis. – Heißt ihr Mann Luis?

4
1 Woher – 2 Kommt – 3 Was – 4 Ist – 5 Heißt – 6 Wie

5
1 Sind Sie heute müde?
2 Wie lange schlafen Sie immer?
3 Was trinken Sie am Morgen?
4 Trinken Sie am Morgen Kaffee?

6
1 Kommen Sie!
2 Hören Sie die Geschichte!
3 Sagen Sie jetzt nichts!
4 Erzählen Sie Ihren Freunden die Geschichte!

7
1 Ich wohne schon drei Jahre in Heidelberg. / Schon drei Jahre wohne ich in Heidelberg.
2 Ich arbeite seit zwei Jahren in Frankfurt. / Seit zwei Jahren arbeite ich in Frankfurt.
3 Ich fahre jeden Montag von Heidelberg nach Frankfurt. / Jeden Montag fahre ich von Heidelberg nach Frankfurt.
4 Ich wohne von Montag bis Freitag bei meiner Cousine. / Von Montag bis Freitag wohne ich bei meiner Cousine.
5 Ich arbeite von 9 bis 18 Uhr im Büro. / Von 9 bis 18 Uhr arbeite ich im Büro.
6 Ich esse in der Mittagspause in der Kantine. / In der Mittagspause esse ich in der Kantine.
7 Ich gehe zwei Mal pro Woche ins Fitness-Studio. / Zwei Mal pro Woche gehe ich ins Fitness-Studio.
8 Ich fahre freitags um 17 Uhr nach Heidelberg. / Freitags um 17 Uhr fahre ich nach Heidelberg.
9 Ich bin von Freitagabend bis Montagmorgen zu Hause. / Von Freitagabend bis Montagmorgen bin ich zu Hause.

Lösungen

12 Wörter im Satz 2

1
1 Sie wollen eine Deutschlandreise machen.
2 Sie müssen Tickets kaufen und Hotels buchen.
3 Wann sollen sie fahren?
4 Sie wollen im Sommer fahren.
5 Sie können nur zwei Wochen in Deutschland bleiben.
6 Dann müssen sie schon wieder nach Hause fahren.

2
1 Wir ziehen nach Hamburg um.
2 Jetzt räumen wir die ganze Wohnung auf.
3 Wir werfen viele Sachen weg.
4 Wer packt das Geschirr und die Gläser ein?
5 Nächste Woche Montag ziehen wir aus.
6 Am Dienstag ziehen wir in die neue Wohnung ein.

3
1 Das Wetter ist heute wunderbar.
2 Gestern war der Himmel auch blau.
3 Hoffentlich ist es morgen auch genauso schön.
4 Am Samstagmorgen gehen sie in der Stadt einkaufen.
5 Nachmittags gehen sie im Park spazieren.
6 Die Kinder gehen mit ihren Freunden schwimmen.

4
1 Pamela und Chris sprechen schon gut Deutsch.
2 Chris spielt am Abend gerne Gitarre.
3 Er hört oft stundenlang Musik.
4 Im Sommer möchte Chris Urlaub machen.
5 Pamela möchte im Urlaub Spanisch lernen.

5
1 Am letzten Wochenende ist Anna nach Berlin gefahren.
2 Sie hat ihre Freunde besucht.
3 Am Samstagabend sind sie ins Theater gegangen.
4 Am Sonntag haben sie in einem Restaurant am Wannsee gegessen.
5 Sie ist erst sehr spät nach Hause gekommen.

6
Er hat heute gearbeitet. – Er muss heute aufräumen. – Er lernt heute Deutsch. – Er kauft heute ein. –
Er geht heute essen. – Er ist heute gekommen. – Er sieht heute fern.

7
1 Ich habe meinem Bruder gestern eine CD geschenkt. / Gestern habe ich meinem Bruder eine CD geschenkt. /
Meinem Bruder habe ich gestern eine CD geschenkt. / Eine CD habe ich gestern meinem Bruder geschenkt.
2 Auf dem Marktplatz hat gestern Abend eine Band gespielt. / Gestern Abend hat eine Band auf dem Marktplatz
gespielt. / Eine Band hat gestern Abend auf dem Marktplatz gespielt.
3 Im Park wollen Schüler heute ein Konzert geben. / Schüler wollen heute im Park ein Konzert geben. /
Heute wollen Schüler im Park ein Konzert geben.
4 Ich bringe heute zum Geburtstag einen Kuchen mit. / Zum Geburtstag bringe ich heute einen Kuchen mit. /
Heute bringe ich einen Kuchen zum Geburtstag mit. / Einen Kuchen bringe ich heute zum Geburtstag mit.

8
1 Er holt seine Kinder von der Schule ab.
2 Sie will heute Abend mit ihrer Freundin zur Party gehen.
3 Sie bringen einen Kartoffelsalat zur Party mit.
4 Sie haben heute Mittag den Kartoffelsalat gemacht.

13 Nomen: Plural

1
keine Pluralendung: der Fernseher – das Mädchen – der Schlüssel – der Lehrer – der Wagen – der Reifen – das
Fläschchen – der Verkäufer

2
1 das Sofa, -s – 2 das Haar, -e – 3 die Freiheit, -en – 4 das Hobby, -s – 5 die Zeitung, -en –
6 die Information, -en – 7 das Tier, -e – 8 die Lehrerin, -nen – 9 die Sache, -n – 10 die Kiwi, -s – 11 die Sekunde, -n –
12 die Organisation, -en – 13 die Operation, -en – 14 der Name, -n – 15 die Toilette, -n – 16 die Oma, -s –
17 die Sekretärin, -nen – 18 der Junge, -n – 19 das Ticket, -s – 20 das Restaurant, -s – 21 die Lösung, -en –
22 die Krankheit, -en – 23 der Herd, -e – 24 das Kino, -s

(3) 1 das Bild – 2 der Mann – 3 das Brötchen – 4 das Meer – 5 das Land – 6 die Architektin – 7 der Kurs –
8 das Hotel – 9 der Arzt – 10 der Fuß – 11 das Foto – 12 die Information – 13 die Einladung – 14 der Baum

(4) *kein Plural:* der Zucker – das Gepäck – das Wasser – das Fleisch – der Service – das Benzin – der Reis – der
Alkohol – das Gemüse – die Polizei – die Natur

(5) *kein Singular:* die Großeltern – die Eltern – die Möbel – die Alpen – die Ferien – die Leute

(6) Küchenstühle – Lampen – Gardinen – Sofas – Herde – Teller – Gläser – Löffel – Servierwagen – LKWs

14 Artikel: definit, indefinit, kein Artikel

(1) 1 Das ist ein Stuhl. Der Stuhl ist modern.
2 Das ist ein Wörterbuch. Das Wörterbuch ist praktisch.
3 Das sind Stifte. Die Stifte sind neu.
4 Das ist eine Vase. Die Vase ist schön.
5 Das ist ein Bild. Das Bild ist teuer.
6 Das ist ein Laptop. Der Laptop ist fantastisch.
7 Das sind Blumen. Die Blumen sind wunderbar.
8 Das ist eine Tür. Die Tür ist offen.

(2) 1 einen – 2 eine – 3 einen – 4 eine – 5 ein – 6 – (*kein Artikel*) – 7 einen – 8 ein

(3) 1 die – 2 den – 3 die – 4 das – 5 die – 6 den

(4) 1 Sie hat Zeit. – 2 Sie hat Geld. – 3 Sie hat ein Handy. – 4 Sie mag Reis. – 5 Sie hat ein Fahrrad. – 6 Sie hat Glück.

(5) 1 ein, der – 2 ein, das – 3 eine, die – 4 ein, der – 5 ein, das – 6 -, die

(6) ein – Der – eine – Die – ein – Der – die – die – der – der – die – eine

15 Negation

(1) 1 Ich komme nicht aus Sri Lanka.
2 Ich bin nicht 23 Jahre alt.
3 Ich wohne nicht in Köln.
4 Ich bin nicht verheiratet.
5 Ich habe keine Kinder.
6 Das sind nicht meine Kinder.
7 Sie haben keinen Hunger.
8 Ich kaufe kein Brot.
9 Ich bin nicht glücklich.

(2) Das ist kein Hund, das ist eine Katze. – Sie hat keine Lust zu kochen. Gehen wir ins Restaurant? – Sie hat keinen
Freund, sie ist immer allein. – Sie hat keine Kinder. – Er kann nicht kochen. – Wir gehen ins Kino. – Ich kaufe
nicht diese Schuhe. Die anderen sind schöner.

(3) nicht – keine – keinen – nicht – nicht – nicht – nicht – keine – keine – nicht – keine – nicht – keine – kein – nicht –
nicht – keine

(4) 1 Ich bin nicht mehr jung.
2 Ich habe keine Energie mehr.
3 Ich bin nie glücklich.
4 Ich finde nichts wunderbar.
5 Ich liebe niemand(en).
6 Ich war noch nie im Urlaub.
7 Ich nehme nichts mit Humor.

(5) noch nie – nie – niemand – nichts – keine ... mehr – ohne

16 Akkusativ

(1) den Wecker – den Computer – den Pass – die Kreditkarte – den Schirm – die Tasche – den MP3-Player – die
Schuhe – die Socken – den Pyjama – das Waschzeug – die Zeitung

(2) eine Flasche Wein – ein Glas Marmelade – ein Schwarzbrot – - Brötchen – eine Packung Milch – einen Salat –
- Tomaten – ein Joghurt – einen Schokoladenkuchen

(3) ein Auto – kein Fahrrad – ein Bett – einen Fernseher – keinen Tisch – keine Waschmaschine – ein Handy – kein
Telefon – einen Computer – keinen Stuhl – einen Kühlschrank – kein Haus

(4) 1 Die, das, Der, die – 2 Der, die, Der, den – 3 Die, die, Der, die

(5) 1 Was – 2 Wen – 3 Wen – 4 Was – 5 Was – 6 Wen

⑥ Ich höre die/eine Oper. – Ich trinke das/ein Glas Wein. – Ich brauche den/einen Stift. – Ich sehe den/einen Film. – Ich lese die/- Bücher. – Ich kaufe ein/das Auto.
Wir hören die/eine Oper. – Wir trinken das/ein Glas Wein. – Wir brauchen den/einen Stift. – Wir sehen den/einen Film. – Wir lesen die/- Bücher. – Wir kaufen ein/das Auto.
Meine Freunde hören die/eine Oper. – Meine Freunde trinken das/ein Glas Wein. – Meine Freunde brauchen den/einen Stift. – Meine Freunde sehen den/einen Film. – Meine Freunde lesen die/- Bücher. – Meine Freunde kaufen ein/das Auto.

⑦ *Akkusativ:* 1 Stühle – 2 einen Sohn und eine Tochter, die Kinder – 3 die Lehrerin – 4 Die Suppe, das Brötchen – 5 den Wein, das Essen

⑧ einen – Der – eine – ein – · (*kein Artikel*) – die – Den – die – das – die – die – den – der – die – die – die – Der – den – die

17 Dativ

① 1 dem – 2 dem – 3 der – 4 dem – 5 dem – 6 der – 7 den – 8 dem
② 1 einer – 2 einem – 3 – (*kein Artikel*) Freunden – 4 einem – 5 einer – 6 einem – 7 einem – 8 (*kein Artikel*) Gästen
③ 1 einem, Kindern – 2 einem, Babys – 3 einem, Männern – 4 einem, Freunden – 5 einer, Kolleginnen – 6 einer, Frauen – 7 einer, Omas – 8 einem, Opas
④ einer – einem – den – den – den Freunden – der – dem – dem – den – der – einem – dem – der – den Kindern – dem
⑤ keinem – keiner – keiner – keinem – keiner – keinem – keiner – keinem
⑥ meinem – ihrem – ihrer – ihren Kindern – meinen Eltern – ihren zwei Babys
⑦ der – der – einem – seiner – den Freunden – dem – den Freunden – einem – einem – dem

18 Possessivartikel

① 1 mein – 2 dein – 3 seine – 4 ihre – 5 unsere – 6 eure – 7 ihre – 8 Ihre
② *Jörg:* seine – seine – sein – seine – sein – seine
Martina: ihr – ihre – ihre – ihr – ihr – ihre
Jörg und Martina: ihre – ihre – ihr – ihr
③ euer – Unser – eure – Unsere – eure – Unsere – unsere – unser – unsere
④ Ihrer: Frau Dorns – ihren: Frau Malls – ihren: Lisas – Ihrer: Frau Malls – Ihre: Frau Malls – ihren: Tims und Toms – Ihr: Frau Dorns – Ihr: Frau Dorns
⑤ meiner – Mein – seiner – ihren – ihren – seine – ihre – Meine – meinen – unseren – ihrem – seiner – Unsere – ihre – meinen – ihre

19 Artikel: interrogativ und demonstrativ

① 1 C – 2 A – 3 D – 4 B
② 1 Dieser. – 2 Diese. – 3 Diese. – 4 Dieses. – 5 Diese. – 6 Dieses. – 7 Dieser. – 8 Diese.
③ Welche – Dieses – welcher – Dieser – dieses
④ Welche – Diese – diese – diese – welche – diese
⑤ 1 welcher – 2 welchem – 3 welchem – 4 welcher – 5 welchem – 6 welchem
1 B – 2 C – 3 D – 4 A – 5 F – 6 E
⑥ Welchen – Diesen – welche – Diese – welchem – Welches – Dieses – Welches – dieses
⑦ welchem – diesem – diesen – diesem – Welchen

20 Personalpronomen: Akkusativ und Dativ

① 1 F – 2 D – 3 E – 4 B – 5 A – 6 C
② Es – sie – es – ihn
③ 1 ihnen – 2 ihr – 3 uns – 4 ihr – 5 euch – 6 ihnen
④ 1 Es geht mir gut. – 2 Es geht ihm gut. – 3 Es geht ihr gut. – 4 Es geht ihnen gut. – 5 Es geht mir gut. – 6 Es geht uns gut.

⑤ ihm – Ihnen – Ihnen – mir – ihr – uns – ihm

⑥ 1 Ja, nur mit dir, nie ohne dich!

2 Ja, nur mit ihr, nie ohne sie!

3 Ja, nur mit ihnen, nie ohne sie!

4 Ja, nur mit euch, nicht ohne euch!

5 Ja, nur mit ihm, nie ohne es!

6 Ja, nur mit ihm, nie ohne ihn!

7 Ja, nur mit uns, nie ohne uns!

⑦ Er – ihn – Er – ihn – ihm – ihn – er – mir – mich – mich – er – ihn – ihn – mich – Ich – mich

21 Verben mit Akkusativ und Dativ

① 1 Der Mann schreibt seiner/der Frau eine E-Mail.

2 Dr. König gibt der Patientin Tabletten.

3 Wir zeigen unseren/den Gästen das Haus.

4 Der Vater kauft seinem/dem Sohn einen Computer.

5 Die Mutter schenkt ihrer/der Tochter eine Puppe.

6 Ich verkaufe meinem/dem Freund das/mein/ein Auto.

7 Er serviert den/seinen Freunden (einen) Kaffee.

8 Sie kocht dem/ihrem Kind eine Suppe.

② *Nominativ (schwarz):* Ich – ich – ich – ich – Ich – ich – ich – Ich

Akkusativ (blau): einen Ring – einen Ball – eine Barbie – Süßigkeiten – meine Familie – eine E-Mail – Filme

Dativ (rot): meiner Frau – meinem Sohn – meinem Töchterchen – Meinen beiden Kindern – meinem Vater

③ *nur ein Subjekt:* kommen – lachen – wohnen – schlafen – gehen

ein Subjekt und ein Objekt: essen – trinken – lesen – treffen – lieben – besuchen – haben – möchten – finden

ein Subjekt, ein Objekt und eine Person: kochen – schenken – kaufen – servieren – verkaufen – geben – bringen – zeigen

④ der – den Kindern – die – Den – Die – den – die – den Kindern – dem – eine – der – eine – Die – die – die – die – Die – ein – den – die

⑤ Mein – meinem – einen – Mein – den – Meine – meinem – ihr – meine – ihrem – eine – die – Die – meinen – den – den – Meine – einen – Die – den – Der – Mein – seine – die – Meine – meinen – seine – Meine – die – meine – meinen

⑥ ihn – ihm – sie – Ihnen – sie – ihm

22 Verben mit Dativ

① 1 Der Mann antwortet der Frau. – 2 Der Mann gratuliert der Frau. – 3 Das Kind hilft dem Mann. – 4 Die Kinder hören der Oma zu.

② 1 Das Haus gefällt den Leuten. – 2 Der Wein schmeckt dem Mann nicht. – 3 Die Schuhe passen der Frau gut. – 4 Das Auto gehört dem Chef. – 5 Die Jacke steht dem Mädchen nicht gut. – 6 Der Film gefällt den Freunden. 7 Der Kopf tut der Frau weh.

③ 1 Er antwortet mir.

2 Wir gratulieren ihr.

3 Ich helfe dir.

4 Die Kinder hören ihm zu.

④ Es tut mir leid. – 2 Es tut ihm leid. – 3 Es tut ihnen leid. – 4 Es tut ihr leid. – 5 Es tut dir leid. – 6 Es tut uns leid. – 7 Es tut ihm leid. – 8 Es tut euch leid.

⑤ 1 Morgen Abend passt mir nicht. – 2 Frankfurt gefällt uns. – 3 Ulrike geht es schlecht. – 4 Die Suppe schmeckt wunderbar! – 5 Die Uhr gehört mir nicht. – 6 Die Hose passt mir nicht. – 7 Der Hals tut mir weh.

⑥ er – ihn – mir – Er – ihm – ihn – ihn – ihm – ihm – ihm – mir – ihn – mir

⑦ 1a Der Mann schenkt der Frau Blumen. – 1b Die Blumen gefallen der Frau.

2a Der Ober serviert den Gästen das Essen. – 2b Das Essen schmeckt den Gästen.

3a Der Chef fragt die Sekretärin. – 3b Die Sekretärin antwortet dem Chef.

4a Das Mädchen schreibt dem Freund eine E-Mail. – 4b Der Freund liest den Brief.

5a Die Mutter kauft dem Kind eine Jacke. – 5b Die Jacke passt dem Kind.

6a Der Vater repariert dem Sohn das Fahrrad. – 6b Der Sohn hilft dem Vater.

7a Der Fuß tut dem Mann weh. – 7b Der Arzt hilft dem Mann.

Lösungen

23 Präteritum: *sein* und *haben*

1 warst – war – war – hatten – hatten – hattet – waren

2 Ich war müde / im Büro / in Paris. – Ich hatte keine Zeit / Probleme / eine Party.
Thomas war müde / im Büro / in Paris. – Thomas hatte keine Zeit / Probleme / eine Party.
Herr und Frau Müller waren müde / im Büro / in Paris. – Herr und Frau Müller hatten keine Zeit / Probleme / eine Party.
Ihr wart müde / im Büro / in Paris.
Du warst müde / im Büro / in Paris.
Meine Schwester und ich waren müde / im Büro / in Paris. – Meine Schwester und ich hatten keine Zeit / Probleme / eine Party.

3 warst – Hattest – war – waren – hatten – Wart – waren – Hattet – hatte – war – hatte – hatten

4 war – hatte – bin – ist – war – waren – waren – sind – sind

5 1 waren – 2 war – 3 hatten, hatten – 4 war – 5 hatte – 6 war, war – 7 hatte – 8 waren, war, war – 9 waren, bin – 10 habe

6 1 Früher hatte ich keine Kinder.
2 Früher war ich jung.
3 Früher hatten wir keine Autos.
4 Früher waren wir arm / nicht reich.
5 Früher hatte er kein Haus.
6 Früher hatten die Kinder keine Computer.
7 Früher waren nicht viele Leute allein.
8 Früher hattest du keine Familie.
9 Früher hattet ihr kein Geld.
10 Früher war sie nicht glücklich. / Früher war sie unglücklich.
11 Früher hatte ich Zeit.
12 Früher war der Professor jung.
13 Früher hatte man kein Handy.

7 Waren – war – hatten – waren – war – hatte – hatten

24 Perfekt mit *haben*

1 1 Er hat am letzten Wochenende gearbeitet.
2 Ich habe meine Freunde lange nicht gesehen.
3 Was hast du getrunken?
4 Habt ihr schon die Zeitung gelesen?
5 Haben Sie die Grammatik verstanden?
6 Wir haben ihn noch nicht gefragt.

2a 1 trinken – 2 lernen – 3 lesen – 4 sehen – 5 essen und trinken

2b 1 Heute trinkt er auch ein Mineralwasser.
2 Heute lernt er auch mit Freunden Deutsch.
3 Heute liest sie auch die Zeitung.
4 Heute sehen sie auch zusammen einen Film.
5 Heute essen und trinken sie auch im Restaurant.

3 1 Ich habe eine Pizza gegessen.
2 Ich habe einen Kaffee getrunken.
3 Ich habe eine Zeitschrift gelesen.
4 Ich habe einen Film gesehen.
5 Ich habe das Wort nicht verstanden.

4 1 Er hat eine Anzeige in der Zeitung gelesen. – 2 Er hat mit der Frau telefoniert. – 3 Er hat am Samstag die Frau getroffen. – 4 Sie haben in einem Café einen Cocktail getrunken. – 5 Sie haben viel gegessen. – 6 Er hat alles bezahlt. – 7 Sie hat „Danke schön" gesagt. – 8 Er hat sie nicht wiedergesehen. – 9 Er hat keine Anzeigen in der Zeitung mehr gelesen.

5 habe ... kennengelernt – habe ... getroffen – haben ... gegessen – haben ... getrunken – hat ... gefragt – habe ... geschlafen

25 Perfekt mit *sein*

❶ ist – ist – bin – sind – ist – ist – sind – sind – sind – ist

❷ Ich bin nach Rom geflogen. / jeden Tag früh aufgestanden. / im Vatikan gewesen. / eine Woche geblieben. / jeden Tag drei bis vier Stunden gelaufen. / oft Taxi gefahren.
Ich habe im Hotel gewohnt. / Spaghetti gegessen. / das Collosseum gesehen. / viel Spaß gehabt. / 20 Postkarten geschrieben. / viele Souvenirs gekauft.

❸ bin – habe – bin – habe – bin – bin – habe

❹ ist – habe – bin – habe – habe – bin – ist – haben – habe – hat – habe – bin – bin

❺ 1 Letztes Jahr haben wir drei Wochen Urlaub auf Hawaii gemacht.
2 Das Flugzeug ist um 8 Uhr in Frankfurt gestartet.
3 Wir sind um 15 Uhr in Hawaii angekommen.
4 Wir sind gleich ins Hotel gefahren.
5 Wir haben unsere Koffer ausgepackt.
6 Wir sind dann ins Bett gegangen.
7 Nach vier Stunden sind wir aufgewacht.
8 Dann haben wir die Stadt besichtigt.
9 Wir haben in einem schönen Restaurant gegessen.

26 Partizip Perfekt

❶ 1 abholen – 2 ankommen – 3 anfangen – 4 aussteigen – 5 bekommen – 6 denken – 7 einladen – 8 empfehlen – 9 essen – 10 fliegen – 11 fallen/gefallen – 12 gewinnen – 13 kennen – 14 laufen – 15 mitbringen – 16 nehmen – 17 schlafen – 18 schwimmen – 19 trinken – 20 sehen – 21 verlieren

❷ 1 angerufen – 2 eingestiegen – 3 geantwortet – 4 aufgemacht – 5 gebracht – 6 entschuldigt – 7 versucht – 8 gewaschen – 9 gegeben – 10 bestellt – 11 erzählt – 12 umgezogen

❸ studiert – explodiert – diskutiert – probiert – repariert – gratuliert

❹ ge..........t: gearbeitet, gefragt – ... ge .... t: ausgemacht, angeklickt – ....t: besucht, diskutiert – ge ....en: gekommen, gefahren – ....ge.....en: abgeflogen, ferngesehen – ....en: begonnen, vergessen

❺ gemacht – teilgenommen – geflogen – geschlafen – angekommen – gefahren – ausgepackt – losgefahren – besichtigt – gelaufen – gemacht – gegessen – gegangen – angesehen – gewartet – eingekauft – probiert – besucht – eingeschlafen – zurückgekommen

27 Präteritum: Modalverben

❶ musste – durfte – wollte – musstest – durfte – wollte – musstest – sollte – sollte – wollte – durfte – wollte – wollte – konntest – konnte – konnte – wollten – durften

❷ wollte – durfte – konnte – musste – konnte – musste – konnte – musste – wollte – konnte – konnte – durfte

❸ 1 Aber noch vor drei Monaten musstest du arbeiten.
2 Aber früher konntest du nicht jeden Tag lang schlafen.
3 Aber letztes Jahr, mit fünf Jahren, konnte sie noch nicht lesen.
4 Aber vor drei Jahren konnte sie noch nicht Auto fahren.
5 Letztes Jahr durfte er noch nicht heiraten.
6 Aber früher wollte ich rauchen.
7 Aber bis 2006 durften die Gäste im Restaurant rauchen.
8 Und früher wolltest du keine Schokolade essen.

28 Zeitengebrauch

❶ Präsens – Präteritum – Präteritum – Perfekt – Präteritum – Präteritum – Perfekt – Perfekt – Perfekt – Präteritum – Präteritum – Präsens

❷ war – wollte – hatten – haben ... gekauft – mussten – waren – haben ...gegessen und getrunken – bin ... gefahren – war – habe ... geschlafen

❸ Gestern war ich glücklich. Ich musste nicht arbeiten. Ich hatte Zeit und ich konnte machen, was ich wollte. Ich habe meine Freundin angerufen. Sie hat mich besucht. Dann haben wir zusammen eingekauft. Danach haben wir einen Spaziergang am Main gemacht und in einem schönen Restaurant gegessen. Am Abend haben wir uns noch einen Film im Kino angesehen. Im Bett habe ich noch ein bisschen gelesen, dann habe ich geschlafen.

④ *Vergangenheit:* Letztes Jahr wollten wir im Urlaub nach Kanada fahren. – Wir hatten Glück, denn wir hatten Freunde in Toronto. – Wir konnten bei ihnen übernachten und mussten kein Hotel bezahlen. – Dort haben wir viele Museen besichtigt und sind abends ausgegangen. – Und ich habe in New York natürlich eingekauft. – Wir sind am Samstag zurückgekommen und leider musste ich am Montag wieder arbeiten.
Gegenwart: Wir fliegen nach Toronto und bleiben zwei Wochen da. – Deshalb können wir noch eine Woche Urlaub in New York machen. – Mein Mann ist gerne in Kneipen und mir machen die Museen Spaß.

29 Reflexive (und reziproke) Verben

① 1 uns, mich, dich, mich – 2 sich, sich, uns, sich
② 1 uns, sich – 2 euch, uns, euch, sich
③ 1 es, mich – 2 ihn, dich – 3 sie, sich – 4 sie, sich – 5 sie, sich – 6 sie, uns – 7 sie, sich
④ 1 Er ist noch im Bad, weil er sich rasieren will.
2 Sie steht vor dem Spiegel, weil sie sich schminkt.
3 Ich glaube nicht, dass die Kinder sich im Garten versteckt haben.
4 Ich kann nicht kommen, weil ich mich anmelden muss.
5 Was macht ihr, wenn ihr euch bei der Arbeit geärgert habt?
⑤ 1 sich ,- – 2 -, sich, sich, - – 3 sich, -
⑥ 1 Jutta hat sich auf das Wochenende gefreut.
2 Sie hat sich an ein Restaurant erinnert.
3 Sie hat sich schick angezogen.
4 Sie hat sich mit Paolo getroffen.
5 Aber Paolo und Jutta haben sich über das schlechte Essen geärgert.
6 Sie haben sich beim Kellner beschwert.
7 Der Kellner hat sich entschuldigt und ihnen ein Glas Sekt gebracht.

30 Temporale Präpositionen

① *obere Zeile:* im – am – am – - – um – im
untere Zeile: im – am – um – am – am
② um – Von ... bis – Am – um – am – Nach – am – am – Am – in – im – vom ... bis zum – Im
③ *Beispiele:* 1 Im Winter, im Januar. – 2 Am Abend, in der Nacht. – 3 Um fünf Uhr. – 4 Am Wochenende. –
5 Um sieben Uhr. – 6 Bis elf Uhr. – 7 Am Abend, am Wochenende. – 8 Am Nachmittag, im Frühling, am Sonntag. –
9 Im Herbst, im Winter.
④ zwischen – um – vor – um – von – bis – am – nach – Im – am – im – am
⑤ seit – im – im – in der – am – am – um – um – - – im
⑥ seit – im – seit – vor – nach – bis – ab

31 Präpositionen mit Dativ

① aus dem – nach – zum – mit dem – von – bei – seit
② mit – mit – mit – bei
③ 1 zum, beim, vom – 2 zum, vom – 3 zur, bei der, von der – 4 zu den, bei den
④ 1 nach – 2 nach, zum – 3 zum, nach
⑤ zum – seit – nach
⑥ aus – seit – mit – nach – zu – von – von – mit – mit – bei – mit – nach – Von – seit

32 Präpositionen mit Akkusativ

① 1 um – 2 durch – 3 für – 4 ohne – 5 gegen
② 1 um – 2 gegen – 3 durch – 4 um
③ 1 gegen das – 2 durch den – 3 um den – 4 für meinen – 5 ohne ihre
④ 1 für – 2 gegen – 3 um – 4 durch
⑤ sie – einer – meiner – die – den – den – einer – ihr – die – die – den

33 Wechselpräpositionen im Dativ

1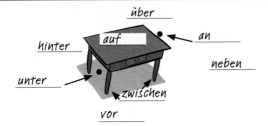

2 1 in – 2 auf – 3 an – 4 auf – 5 in – 6 an – 7 an – 8 auf

3 meinem – der – meinem – meinem – der – den – der – der – dem – Im – dem

4 1 Der Schrank ist an der Wand.
2 Die Lampe ist auf dem Schreibtisch.
3 Der Zettel ist am Bildschirm.
4 Der Computer ist unter dem Schreibtisch.
5 Das Telefon ist auf dem Telefonbuch.
6 Die Tastatur ist vor dem Bildschirm.
7 Die Bonbons sind hinter den Büchern.
8 Die Bücher sind im Schrank.
9 Der Bildschirm ist auf dem Schreibtisch.
10 Die Stifte sind auf dem Papier.
11 Die Maus ist zwischen der Tastatur und dem Telefonbuch.
12 Der Drucker ist neben dem Schreibtisch.

5 1 in der – 2 In welchem, im – 3 auf dem – 4 auf der – 5 am – 6 vor dem, am – 7 am – 8 im

34 Wechselpräpositionen mit Dativ und Akkusativ

1 *erste Zeile:* Auf das Buch. – Unter das Buch. – Hinter das Buch. – Über das Buch. – Vor das Buch.
zweite Zeile: An das Buch. – Neben das Buch. – Zwischen die Bücher. – In das Buch.

2 *Wohin?* gehen, bringen, fahren, steigen, fliegen
Wo? studieren, sein, sitzen, stehen, essen, spielen

3 1 F, G – 2 A – 3 D – 4 B, C, F, G – 5 B, F – 6 E – 7 B, F

4 1 Wo? – 2 Wohin? – 3 Wohin? – 4 Wo? – 5 Wohin? – 6 Wo? – 7 Wo? – 8 Wohin?

5 1 ans, am, die, einen, den, die – 2 ins, im, ein

6 1 unter dem Tisch, auf den Tisch – 2 auf dem Bett, auf den Tisch – 3 auf dem Stuhl, auf den Tisch – 4 auf dem Tisch, in den Schrank – 5 auf dem Boden, ins Regal – 6 auf dem Herd, neben das Sofa

35 Lokale Präpositionen

1 1 an / am – 2 in – 3 auf – 4 in / im – 5 bei – 6 bei / beim – 7 bei – 8 in – 9 an / am – 10 in / im – 11 auf – 12 in – 13 zu – 14 in / im

2 1 in / ins – 2 zu / zum – 3 zu / zum – 4 an – 5 auf – 6 zu – 7 in – 8 nach – 9 in – 10 nach – 11 auf – 12 nach

3 *aus kann man sagen:* aus der Schule – aus Thailand – aus dem Krankenhaus – aus dem Kaufhaus – aus dem Schwimmbad

4 *in:* in das / ins Kino – in das / ins Meer – in den Park – in die Oper – in die Türkei – in das / ins Krankenhaus – in die Alpen
nach: nach Madrid – nach Hause
an: an das Meer / ans Meer – an den Strand
auf: auf den Berg – auf den Spielplatz – auf die Straße
zu: zu der / zur Chefin – zu Johannes – zu dem / zum Picknick
auch möglich: zu dem / zum Krankenhaus – zu dem / zum Spielplatz – zu dem / zum Meer – zu dem / zum Park – zur Oper – zu dem / zum Strand

5 *woher?* aus China – aus der Schweiz – aus dem Kino – vom Strand – vom Sportplatz – von Ikea – vom Arzt
wo? in China – in der Schweiz – im Kino – am Strand – auf dem Sportplatz – bei Ikea – beim Arzt
wohin? nach China – in die Schweiz – ins Kino – an den Strand / zum Strand – auf den Sportplatz / zum Sportplatz – zu Ikea – zum Arzt

6 vom – in den / zum – aus der / von der – aus dem – auf dem – zu – aus dem
aus – am – in – im – in den – bei – bei den – bei – bei – in – am – an den – im – ins

36 Nominativ und Akkusativ

1 1 nette, netter – 2 neue, neue – 3 bequeme, bequemes – 4 günstigen, günstige – 5 gute, guter – 6 intelligente, intelligentes – 8 dummen, dumme

2 1 bequemes, bequeme – 2 große, große – 3 schöne, schönen – 4 guten, guten

3 *Nominativ maskulin:* dumm – intelligenter – intelligente – intelligenter
Nominativ neutral: süß – weißes – süße – süßes
Nominativ feminin: faul – faule – faule – faule
Nominativ Plural: schön – freien – Freie – traurigen
Akkusativ: intelligenten – süße – faule – freien – intelligenten – süßes – faule – freie – intelligenten – süßes – faule – schönen

4 roten – roten – kurzen roten – kurze – weiße – gelbe – gelbe – schönes – blaue – schwarze – schwarze – roten

5 neue – teuer – großes – kleinen – moderne – schöne – süßes – neue

37 Dativ, Nominativ und Akkusativ

1 1 am zwölften Mai – 2 am zweiten November – 3 am vierten Januar – 4 am zehnten August – 5 am nächsten Wochenende – 6 am dritten Juli – 7 am nächsten Sonntag – 8 am übernächsten Freitag – 9 am letzten Samstag – 10 am vergangenen Wochenende

2 1 intelligenten – faulen – süßen – vielen kleinen
2 intelligenten – faulen – süßen – kleinen

3 1 netten, neuen – 2 spanischen, schönen – 3 neuen, neuen – 4 kleinen, kleinen – 5 sympathischen, sympathischen – 6 kleinen, kleinen

4 nächsten – große – schönen – guten – neuen – großes – tollen – ersten – neue – bekannten – neuer – nett – gutes – interessante

5 schönes – großen – lieben – reichen – einsam – junge – langen – großen – wunderbar – attraktiven – jungen – schönen – jungen – jungen – schön – großer – sportlicher – nächsten – übernächsten – überübernächsten – vierten – schöne – kleiner – grüner – hässlicher

38 Komparation

1 größer – kleiner – mehr – teurer – höher – weniger – schlechter – besser

2 Ich trinke Kaffee lieber als Tee. – Meine Tochter liebe ich genauso sehr wie meinen Sohn. – Deutsch lernen macht so viel Spaß wie surfen, eine Party machen, Sport treiben. – Ich kann das genauso gut wie du. – Die Mutter ist noch schöner als ihre Tochter. – Er hat mehr Geld bezahlt als ich. – Sie sprechen fast so gut Deutsch wie ein Deutscher. – Der Film war besser als der andere.

3 1 besser – 2 am kleinsten – 3 schön – 4 interessanter – 5 viel – 6 lieber – 7 am gesündesten

4 1 am – 2 der – 3 die – 4 am – 5 am – 6 die – 7 die – 8 am – 9 der – 10 am

5 ältere – älteste – größer – längsten – größten – schöneren – schönsten – beste – hübscher – schönste

6 jünger – älter – früher – beste – größer – längere – dicker – öfter – mehr – meisten – liebsten – schneller – besser – besser – mehr

39 Hauptsätze verbinden (Position 0)

1 1 denn – 2 aber – 3 und – 4 oder

2 1 Am Samstag geht Lisa einkaufen und sie besucht am Sonntag ihre Freunde. / ... und am Sonntag besucht sie ihre Freunde.
2 Sie geht mit ihren Freunden in den Park oder sie sehen einen Film im Kino.
3 Am Samstag scheint die Sonne, aber am Sonntag regnet es. / ..., aber es regnet am Sonntag.
4 An diesem Sonntag gehen sie ins Kino, denn das Wetter ist schlecht.

3 1 aber – 2 und – 3 und – 4 denn – 5 oder – 6 denn

④
1 Ich gehe gerne ins Kino und (ich gehe gerne) ins Theater.
2 Er kauft ein neues Handy und (er kauft) einen neuen Laptop.
3 Sie geht heute schwimmen und (sie) spielt Tennis.
4 Mein Bruder mag gerne Jazzmusik und ich (mag) klassische Musik.
5 Wir wollen zusammen für die Prüfung lernen und (wir wollen zusammen) in Urlaub fahren.

⑤
1 Gehen Sie am Samstagabend ins Kino oder (gehen Sie am Samstagabend) ins Theater?
2 Essen Sie gerne Schokolade oder (essen Sie) lieber Pizza?
3 Möchten Sie einen Kaffe oder (möchten Sie einen) Tee?
4 Möchten Sie den Kaffee mit Zucker oder (möchten Sie den Kaffee) ohne (Zucker)?
5 Soll ich das Fenster aufmachen oder ist es Ihnen zu kalt?

⑥
1 Ich gehe in die Stadt, denn ich möchte einkaufen.
2 Ich möchte eine Hose (kaufen) und eine Bluse kaufen.
3 Die rote Bluse ist sehr schön, aber (sie ist) zu teuer.
4 Soll ich die blaue (nehmen) oder die grüne nehmen?
5 Mir gefällt die blaue und (mir gefällt) die grüne.
6 Leider kann ich nur eine Bluse kaufen, denn ich habe nicht so viel Geld dabei.

40 Hauptsätze verbinden (Position 1)

① 1 C – 2 D – 3 A – 4 B
② 1 D – 2 B – 3 A – 4 C
③ 1 C – 2 D – 3 A – 4 B
④
1 Deshalb habe ich meine Freunde eingeladen.
2 Dann wollen wir in die Disko gehen.
3 Sonst kann ich nicht tanzen.
4 Dann haben wir viel Spaß.
5 Deshalb möchte ich morgen lange schlafen.

⑤
1 Mein Kühlschrank ist leer, deshalb muss ich einkaufen gehen.
2 Ich muss mich beeilen, sonst komme ich zu spät.
3 Kannst du mir dein Handy leihen, sonst kann ich meinem Mann nicht Bescheid sagen.
4 Lazaro muss heute lange arbeiten, deshalb kann er nicht kommen.
5 Wir besichtigen die Stadt, dann gehen wir essen.
6 Ich schreibe die E-Mail, dann schicke ich die E-Mail ab.
7 Wir müssen einen Schirm mitnehmen, sonst werden wir nass.
8 Meine Tochter ist krank, deshalb kann sie heute leider nicht zur Schule kommen.

⑥ deshalb – sonst – danach – deshalb

41 Nebensätze

①
1 Ich glaube, dass er gerne in die Disko geht. Er geht in die Disko, weil er tanzen will.
Es macht ihm besonders viel Spaß, wenn seine Freunde mitkommen.
2 Er geht zum Arzt, weil er Rückenschmerzen hat.
Der Arzt sagt, dass er Gymnastik machen soll.
Er kann auch ein Medikament nehmen, wenn die Schmerzen sehr stark sind.

②
1 Weil der Akku von meinem Handy leer ist.
2 Weil ich so lange arbeiten musste.
3 Weil es so warm ist.
4 Weil sie gerade fernsieht.
5 Weil ich nicht stören wollte.

③
Ich glaube, dass sie krank ist. – Ich denke, dass sie keine Lust hat. – Ich glaube, dass ihr Kind krank ist. – Ich glaube, dass sie arbeiten muss. – Ich denke, dass sie lange schlafen will. – Ich glaube, dass sie einkauft. – Ich denke, dass sie ihren Mann vom Flughafen abholt. – Ich denke, dass sie den Kurs vergessen hat. – Ich glaube, dass sie den Bus verpasst hat. – Ich glaube, dass sie sich ein bisschen ausruht.

④
1 Er geht joggen, wenn die Sonne scheint.
2 Er schläft lange, wenn er Urlaub hat.
3 Er zieht sich schick an, wenn er sich mit seiner Freundin trifft.
4 Er ärgert sich, wenn er länger arbeiten muss.
5 Man darf ihn nicht stören, wenn er gerade fernsieht.

4b
1 Wenn die Sonne scheint, geht er joggen.
2 Wenn er Urlaub hat, schläft er lange.
3 Wenn er sich mit seiner Freundin trifft, zieht er sich schick an.
4 Wenn er länger arbeiten muss, ärgert er sich.
5 Wenn er gerade fernsieht, darf man ihn nicht stören.

5 1 Wann – 2 Wenn – 3 Wann, wenn – 4 Wann, Wenn

6 weil – wenn – weil – wenn – dass – dass

42 Positionsadverbien und Direktionaladverbien

1 Hinten – Vorne – Oben – Unten – Links – Rechts

2 *nach oben:* gehen, kommen, laufen, fahren
oben: sein, stehen, bleiben, wohnen

3 1 oben, nach oben – 2 unten, nach unten – 3 hinten, nach hinten – 4 vorne, nach vorne

4 1 -, nach – 2 nach – 3 -, -, nach, nach

5 1 dorthin/dahin, dort/da – 2 dorthin/dahin – 3 Dort/Da

6 1 im Juli – 2 nächste Woche – 3 im August/an meinem Geburtstag – 4 heute Abend

7 1 ● Kommst du auch ins Kino? ■ Nein, da war ich gestern schon.

2 ● Was ist am 23. März? – Da ist Ostern.

3 ● Warst du schon einmal in Peru? ■ Nein, da war ich noch nicht, aber ich möchte dorthin fahren.

● Fährst du im Mai mit uns nach Peru? ■ Leider kann ich da nicht. Ich habe erst im Juli Urlaub.

43 Partikeln

2
1 Was hast du (denn) da mitgebracht?
2 Kannst du mir das (mal) zeigen?
3 Ich hatte (doch) keine Ahnung, dass du keinen Käse magst.
4 Kennst du (denn) schon die neue Nachbarin? – Ja, ich habe schon mit ihr gesprochen.
5 Bring mir (doch) eine Zeitung mit.

3
1 Nein, das ist doch viel zu spät!
2 Nein, die sind doch viel zu teuer.
3 Nein, der ist doch viel zu klein.
4 Das ist doch viel zu alt.

4
1 Wie war es denn im Urlaub?
2 Wie lange waren Sie denn in Brasilien?
3 Wie heißt du denn?
4 Wie lange sind Sie denn schon in Deutschland?

5a
1 Machen Sie doch bitte das Fenster auf.
2 Nehmen Sie doch noch ein Stück Kuchen.
3 Schreibt doch bitte eure Adresse auf.
4 Geh doch joggen.

5b
1 Ruf mal an.
2 Probier mal die Suppe.
3 Kommen Sie mal ins Sekretariat.
4 Geht mal ins Kino.

6 1 Partikel, Partikel, Antwort – 2 Partikel, Konjunktion – 3 Partikel – 4 Partikel, Partikel, Konjunktion, Antwort

44 Komposita

1 1 der Käsekuchen – 2 der Kinderarzt – 3 das Tischbein – 4 die Haarfarbe – 5 das Lehrerzimmer – 6 die Hausnummer – 7 der Fußballplatz – 8 der Haustürschlüssel

2 1 der Straßenname – 2 die Toilettenbrille – 3 der Damenschuh

3 1 der Zeitungskiosk – 2 der Vertragspartner – 3 der Übernachtungspreis – 4 der Geburtstag

4 *Das kann man essen:* der Kopfsalat – das Pausenbrot – die Frühlingssuppe – der Pfannkuchen – der Blattsalat – das Wachtelei – das Hähnchenfleisch – das Dosengemüse – das Gartenobst

5 die Taschenlampe – die Balltasche – der Regenschirm – der Fußball – der Sonnenschirm – die Sonnenuhr – das Taschenbuch – das Telefonbuch – der Handball – der Lampenschirm – die Handtasche

6 A 5 – B 1 – C 6 – D 7 – E 4 – F 3 – G 2

45 Aus Wörtern neue Wörter machen

1 1 das Städtchen – 2 das Bäumchen – 3 das Kleidchen – 4 das Hündchen – 5 das Fingerchen – 6 das Kindchen

2 *Frauen:* die Ausländerin, -nen – die Verkäuferin, -nen – die Studentin, -nen – die Freundin, -n
Männer: der Pilot, -en – der Mathematiker, - – der Student, -en – der Freund, -e

3 1 Fernseher – 2 Reiskocher – 3 Wäschetrockner

4 1 die Lösung – 2 die Wohnung – 3 die Meinung – 4 die Vorbereitung – 5 die Erinnerung – 6 die Erklärung

5 1 Die Erklärung, erklären – 2 wohnen, Wohnung – 3 lösen, Lösung

6 1 Das Hören – 2 Das Sprechen – 3 das Lesen – 4 das Schreiben

7 1 Lesen – 2 Einkaufen – 3 Fernsehen – 4 Duschen – 5 Joggen – 6 Schreiben

46 Zusammengesetzte Verben

1 1 an – 2 aus – 3 auf – 4 zu

2 1 weg – 2 da – 3 da, weg

3 1 dafür – 2 dagegen – 3 dafür

4 1 nichts los – 2 viel los – 3 viel los – 4 nichts los

5 1 dabei – 2 an – 3 dabei – 4 an

6 1 los – 2 dabei – 3 auf – 4 zu – 5 dagegen – 6 weg – 7 aus – 8 an

7 1 Luise hat ein rotes Kleid an.
2 Was ist los?
3 Ist der Fernseher an?
4 Sie hat die Augen zu.
5 War Helmi gestern da?
6 Hast du das Buch dabei?
7 Das Licht ist nicht an.

47 Genusregeln

1 *der:* der Opel – der Frühling – der Ferrari – der Tequila – der Schnee – der Herbst
die: die Schönheit – die Emotion – die Liebe – die Konzentration – die Abteilung – die Farbe – die Arbeiterin
das: das Büro – das Fähnchen – das Häuschen – das Gefühl – Häuflein

2 1 der – 2 das – 3 der – 4 die – 5 die – 6 der

3 1 das Geschäft (Beginn Ge-) – 2 die Funktion (Ende -ion) – 3 der Wind (Wetter) – 4 das Männlein (Ende -lein) – 5 die Entschuldigung (Ende -ung) – 6 der Monat (Zeiträume) – 7 der Mercedes (Automarken) – 8 die Feindin (Ende -in) – 9 die Vase (Ende -e) – 10 die Freiheit (Ende -heit) – 11 das Fläschchen (Ende -chen) – 12 die Yamaha (Motorradmarken) – 13 der Rum (Alkohol) – 14 das Konto (Ende -o)

4 1 die Ausstellung – 2 das Päckchen – 3 die Portion – 4 die Nachbarin – 5 die Kawasaki – 6 das Geschenk – 7 die Lampe – 8 das Radio – 9 das Kindlein – 10 die Möglichkeit – 11 der Mitsubishi – 12 der Monat

5 1 der, der, ! das, der – 2 der, ! die, der, der – 3 die, die, ! der, die – 4 ! das, der, der, der – 5 das, das, ! die, das – 6 der, ! die, der, der – 7 der, der, ! das, der – 8 das, das, das, ! die

Lextra: Übungsgrammatik Deutsch als Fremdsprache
Grammatik – kein Problem

von
Friederike Jin
Ute Voß

Redaktion: Dieter Maenner
Umschlaggestaltung: Cornelsen Verlag Design
Umschlagfoto: JUNOPHOTO
Layout und technische Umsetzung: Stephan Hilleckenbach
Illustrationen: Laurent Lalo

Weitere Titel in dieser Reihe:
978-3-589-01568-9 Übungsgrammatik Englisch
978-3-589-01675-4 Übungsgrammatik Business English

Bildquellen: S. 75 + S. 99: © Cornelsen Verlag, Hilleckenbach

www.lextra.de
www.cornelsen.de

Die Links zu externen Websiten Dritter, die in diesem Lehrwerk angegeben sind,
wurden vor Drucklegung sorgfältig auf ihre Aktualität geprüft. Der Verlag übernimmt
keine Gewähr für die Aktualität und den Inhalt dieser Seiten oder solcher,
die mit ihnen verlinkt sind.

1. Auflage, 2. Druck 2012

Alle Drucke dieser Auflage sind inhaltlich unverändert und können im
Unterricht nebeneinander verwendet werden.

© 2011 Cornelsen Verlag, Berlin

Das Werk und seine Teile sind urheberrechtlich geschützt.
Jede Nutzung in anderen als den gesetzlich zugelassenen Fällen bedarf
der vorherigen schriftlichen Einwilligung des Verlages.
Hinweis zu den §§ 46, 52 a UrhG: Weder das Werk noch seine Teile dürfen ohne eine
solche Einwilligung eingescannt und in ein Netzwerk eingestellt oder sonst öffentlich
zugänglich gemacht werden.
Dies gilt auch für Intranets von Schulen und sonstigen Bildungseinrichtungen.

Druck: Stürtz GmbH, Würzburg

ISBN 978-3-589-01598-6

 Inhalt gedruckt auf säurefreiem Papier aus nachhaltiger Forstwirtschaft.